El Verdadero Problema Palestino Es La UNRWA

Dr. Daniel Farcas

Investigador

Escuela de Estudios Judíos

Estudios de Oriente Medio

Universidad Bar Ilán

El verdadero Problema Palestino es La UNRWA

Daniel Farcas

Published by Clara Guendelman, 2024.

EL VERDADERO PROBLEMA PALESTINO ES LA UNRWA

First edition. August 5, 2024.

Copyright © 2024 Daniel Farcas.

ISBN: 979-8227682819

Written by Daniel Farcas.

Copyright©2024

Explicaciones clásicas del antisemitismo y versiones modernas del anti-sionismo

El antisemitismo, el odio y la discriminación contra los judíos han sido un problema generalizado a lo largo de la historia y todavía existen en diversas formas en todo el mundo. La cuestión de por qué existe el antisemitismo en todo el mundo es compleja y muchos factores contribuyen a ella.

Una de las principales fuerzas impulsoras del antisemitismo es la perpetuación de los prejuicios que han acompañado al puebko judío por muchisimo tiempo.

Los estereotipos y mitos sobre los judíos se transmiten de generación en generación. Estos estereotipos a menudo retratan a los judíos como codiciosos, manipuladores y poco confiables, lo que lleva a una desconfianza y un miedo profundamente arraigados hacia la comunidad judía. Además, la persecución histórica de los judíos, como el Holocausto durante la Segunda Guerra Mundial, ha tenido un impacto duradero en la sociedad y ha aumentado el sentimiento antisemita.

Otro factor que contribuye al antisemitismo es que los judíos son vistos como una amenaza a las normas y valores sociales. Algunos ven a los judíos como forasteros que no pertenecen a su propia comunidad, lo que genera resentimiento y hostilidad hacia ellos. Las diferencias religiosas o culturales pueden exacerbar este sentimiento de alteridad, alimentando aún más los sentimientos antisemitas.

Además, el aumento del antisemitismo moderno, a menudo disfrazado de antisionismo, añade una nueva capa al problema. El antisionismo se opone a la existencia del Estado de Israel y a menudo se utiliza como tapadera para la retórica y las acciones antisemitas. Esta forma de antisemitismo prevalece particularmente en el discurso político y puede conducir a la demonización de los judíos y su patria.

Es importante señalar que la discriminación y el odio hacia los judíos no se justifica bajo ninguna circunstancia ni en ninguna situación particular.

La idea de que la presencia judía es un problema tiene sus raíces en prejuicios y malentendidos infundados. Al igual que otros grupos, los judíos deben ser tratados con respeto y dignidad, y sin discriminación ni acoso.

El antisemitismo persiste en todo el mundo debido a una combinación de factores históricos, culturales y políticos. La perpetuación de los estereotipos, el miedo a los demás y el aumento del antisemitismo moderno han contribuido a la propagación del sentimiento antisemita. Es vital que la sociedad desafíe estos prejuicios y trabaje para crear un mundo más inclusivo y tolerante para todas las personas, independientemente de sus orígenes o creencias.

La verdadera razón del antisemitismo, la judeofobia y la versión moderna del odio, el antisionismo, es que los judíos son piedras que obstaculizan la felicidad de los demás.

El problema del antisemitismo es un fenómeno complejo y profundamente arraigado que ha afectado a la sociedad durante siglos. Si bien se cree ampliamente que el odio a los judíos tiene muchas causas, como la creencia de que fueron responsables de la muerte de Jesús o la creencia de que son vistos como egoístas y codiciosos, éstas no son las verdaderas causas del antisemitismo.

La causa fundamental del antisemitismo es el odio mismo. A lo largo de la historia, los judíos a menudo han sido convertidos en chivos expiatorios y perseguidos porque eran vistos como un obstáculo para el progreso, el éxito, el desarrollo y/o la felicidad. Esto se puede ver en acontecimientos históricos como las Cruzadas, cuando los cristianos intentaron reemplazar a los judíos, o los pogromos de 1881 en Rusia iniciados por Alejandro III. En ambos casos, el objetivo no era la conversión de los judíos, sino su destrucción.

Los conflictos en Medio Oriente también han alimentado el antisemitismo en los últimos años, y algunos musulmanes ven a los judíos como imperialistas y opresores. El Estado de Israel en particular se ha encontrado en el centro de este odio, ya que es visto como un símbolo del imperialismo occidental.

Los nazis intentaron exterminar a los judíos durante el Holocausto debido a su negativa a aceptarlos como parte de la sociedad alemana. Incluso alguien tan famoso como Albert Einstein enfrentó discriminación y persecución debido a su herencia judía.

Hoy en día, el antisemitismo sigue manifestándose de

diversas formas, alimentado por el odio y los prejuicios. La presencia de judíos a menudo se considera un problema, independientemente de sus creencias políticas, estatus socioeconómico o prácticas religiosas.

Científicos e investigadores han profundizado en las raíces del antisemitismo en un intento de comprender y combatir esta forma generalizada de discriminación. El trabajo de académicos como los profesores Avi Gur, Einat Wilf, Alan Deskovic y Bernard Henry Levy ha inspirado este debate y ha inspirado a muchos académicos, y los académicos pueden contribuir a este importante debate. Todo esto revela la complejidad del antisemitismo y su impacto en la sociedad.

En resumen, el antisemitismo es una fuerza destructiva que debe ser confrontada y desafiada. Al reconocer las causas reales de este odio y trabajar para aumentar la comprensión y la tolerancia, podemos trabajar para crear una sociedad más inclusiva y armoniosa. Es necesario combatir todas las formas de antisemitismo y oponerse a todas las manifestaciones de discriminación y prejuicio. El Estado judío de Israel es una democracia vibrante, un Estado judío y sionista hiperdesarrollado y orgulloso que merece reconocimiento y respeto.

Estos dos puntos de vista reflejan las diferentes opiniones de quienes albergan sentimientos antisemitas, y las formas modernas de antisemitismo difieren significativamente de las opiniones tradicionales. Se basa en estereotipos y mitos negativos sobre los judíos, como el egoísmo, la codicia, el capitalismo excesivo, la asociación con el marxismo o puntos de vista izquierdistas, la excesiva dedicación al trabajo o la pereza. Estos estereotipos existen en documentos falsos como los Protocolos de los Sabios de Sión, que han perpetuado mitos y conspiraciones dañinos sobre el pueblo judío durante muchos años. Acusaciones extremas y absurdas a lo largo de la historia incluyen afirmaciones de que los judíos envenenaron el agua y causaron la peste negra, o que durante la celebración de Pesaj los judíos mataron a un joven católico y usaron su sangre para hacer matzá tradicional.

antisemitismo moderno

Por el contrario, la visión moderna es que la mera presencia de judíos es un obstáculo para la felicidad, el éxito o el desarrollo de los demás. Este punto de vista no se centra en las características o suouestos comportamientos negativos específicos de los judíos. Más bien, sostiene que la presencia de judíos inherentemente impide el progreso y el bienestar de los demás. Esto desplaza la cuestión del comportamiento individual o grupal a la idea de que los judíos, simplemente por existir, impiden que otros tengan éxito, sean ricos, felices o progresen. Las formas tradicionales de antisemitismo se basan en ciertos estereotipos y comportamientos que suponen que es probable que los judíos cambien su comportamiento para ser vistos más favorablemente. Por ejemplo, las ideas antisemitas de que los judíos son demasiado capitalistas o demasiado izquierdistas significan que los judíos podrían ser aceptados si se ajustaran más a las normas sociales.

Antisemitismo contemporáneo: una perspectiva en profundidad

El antisemitismo, el odio y la discriminación contra los judíos se han manifestado de diversas formas a lo largo de la historia. Mientras que el antisemitismo tradicional se centra en estereotipos y comportamientos negativos específicos de los judíos, las opiniones modernas sugieren que la mera presencia de judíos es un obstáculo para la felicidad, el éxito o el desarrollo de los demás. Este cambio de énfasis del comportamiento individual a la idea de que los judíos son inherentemente problemáticos tiene profundas implicaciones en la forma en que la sociedad ve y trata a los judíos.

Las formas tradicionales de antisemitismo se basan en ciertos estereotipos y comportamientos, como la creencia de que los judíos son codiciosos, manipuladores o responsables de males sociales. Este punto de vista sugiere que si los judíos cambiaran su comportamiento o sus creencias para hacerlos más consistentes con las normas sociales, podrían ser aceptados. Sin embargo, las formas modernas de antisemitismo adoptan un enfoque diferente, argumentando que no existe una forma aceptable de existencia para los judíos sin verlos como un obstáculo para el éxito de los demás. Incluso si los judíos cambiaran su comportamiento o sus creencias, este punto de vista no permite ninguna expiación o aceptación. Niega la posibilidad de ser aceptado como un judío o sionista orgulloso y rechaza cualquier noción de que los judíos puedan integrarse a la sociedad adhiriéndose a ciertos estándares o abandonando ciertos aspectos de su identidad.

El impacto de esta forma moderna de antisemitismo es profundo e inquietante. Al considerar la identidad judía como una cuestión en sí misma y no como un comportamiento o creencia específica, esta visión deshumaniza a los judíos y les niega la posibilidad de relaciones positivas o de aceptación basada en comportamientos o características individuales. Ven a los judíos como un obstáculo permanente al progreso social que, de hecho, no pueden ser parte de la solución. Esta peligrosa perspectiva no sólo perpetúa los estereotipos dañinos y la discriminación, sino que también socava los principios fundamentales de igualdad y aceptación en la sociedad.

En resumen, el cambio del antisemitismo tradicional, que se centraba en características y comportamientos negativos específicos de los judíos, a la visión moderna, que considera la existencia misma de los judíos como un obstáculo para los demás, ha tenido un impacto significativo en cómo se percibe a los judíos. y respetado en la sociedad. Al negar la posibilidad de aceptación basada en comportamientos o características personales y al tratar la identidad judía como un problema en sí mismo, esta forma moderna de antisemitismo es deshumanizante y peligrosa. Para promover la comprensión, la aceptación y la igualdad de todas las personas, independientemente de su origen o identidad, es vital cuestionar y contrarrestar estas opiniones dañinas.

Luchando contra el antisemitismo

El antisemitismo ha sido un problema generalizado a lo largo de la historia, y los judíos han enfrentado discriminación, persecución y violencia debido a su identidad religiosa y cultural. Si bien las formas tradicionales de antisemitismo están bien documentadas y comprendidas, las formas modernas de antisemitismo crean nuevos problemas potenciales. Esta visión moderna supone que los judíos no tenían una forma de vida aceptable sin considerarlos como un obstáculo para el éxito de los demás. Niega la posibilidad de salvación o aceptación incluso si los judíos cambian su comportamiento o sus creencias. Este punto de vista elimina cualquier posibilidad de actitudes positivas o aceptación basadas en el comportamiento o las características de una persona, considerando la identidad judía misma como el problema.

El antisemitismo en su forma moderna es profundamente inhumano y peligroso porque considera a los judíos un obstáculo constante para el progreso social. Al negar la posibilidad de aceptación o comprensión, esta visión perpetúa estereotipos y prejuicios dañinos. Esto muestra que los judíos inherentemente no pueden ser parte de la solución, independientemente de sus acciones o creencias. Esto no sólo marginó a los judíos, sino que también socavó los principios de igualdad social y tolerancia.

El antisemitismo requiere una comprensión profunda del contexto histórico y contemporáneo. Es importante reconocer la existencia de estereotipos antisemitas tradicionales y formas de adaptarlos a las nuevas normas y condiciones sociales. Sin embargo, las formas modernas de antisemitismo representan un cambio de enfoque que es igualmente dañino, si no más, porque no proporciona un camino hacia la aceptación o la comprensión. Es vital cuestionar y contrarrestar esta visión promoviendo la inclusión, la diversidad y el respeto por todas las personas, independientemente de su origen religioso o cultural.

En resumen, las formas contemporáneas de antisemitismo representan una amenaza significativa para los individuos y comunidades judías al perpetuar estereotipos y prejuicios dañinos. Al negar la posibilidad de aceptación o comprensión, esta visión socava los principios de igualdad social y tolerancia. Esta forma de antisemitismo debe abordarse y abordarse, y debe promoverse la inclusión, la diversidad y el respeto por todos. Sólo a través de la educación, la concienciación y el activismo podremos trabajar para crear una sociedad más inclusiva y tolerante para todos.

Combatir ambas formas de antisemitismo requiere buena educación, pensamiento crítico y esfuerzos activos para promover la inclusión y la comprensión. Es vital desafiar y desacreditar estos mitos y estereotipos dañinos, ya sea que tengan sus raíces en prejuicios históricos o en interpretaciones modernas. Comprender los matices y la evolución del pensamiento antisemita es fundamental para desarrollar estrategias efectivas para contrarrestar el pensamiento antisemita y crear una sociedad más inclusiva y tolerante.

Es imposible entender las increíbles incidencias de antisemitismo en las organizaciones de derechos humanos, organizaciones injustas y parciales, la hostilidad de las Naciones Unidas hacia Israel y, por supuesto, la existencia y gestión de la UNRWA.

Estos dos puntos de vista reflejan los diferentes puntos

de vista de quienes albergan sentimientos antisemitas, y las formas modernas de antisemitismo difieren significativamente de los puntos de vista tradicionales.

Antisemitismo tradicional.

Se basa en estereotipos y mitos negativos sobre los judíos, como el egoísmo, la codicia, el capitalismo excesivo, la asociación con el marxismo o puntos de vista izquierdistas, la excesiva dedicación al trabajo o la pereza. Estos estereotipos existen en documentos falsos como los Protocolos de los Sabios de Sión, que han perpetuado mitos y conspiraciones dañinos sobre el pueblo judío durante muchos años. Acusaciones extremas y absurdas a lo largo de la historia incluyen afirmaciones de que los judíos envenenaron el agua y causaron la peste negra, o que durante la Pascua, los judíos mataron a un joven católico y usaron su sangre para preparar platos tradicionales.

Antisemitismo, viejas y nuevas patologías

Combatir cualquier forma de antisemitismo requiere una comprensión profunda del contexto histórico y contemporáneo. Los estereotipos antisemitas tradicionales han persistido durante siglos y a menudo se adaptan a nuevas normas y condiciones sociales. Sin embargo, la forma moderna descrita aquí es un cambio de enfoque que es igual de dañino, si no más, porque no proporciona un camino hacia la aceptación o la comprensión. pensamiento y esfuerzos activos para promover el antisemitismo. Es vital desafiar y desacreditar estos mitos y estereotipos dañinos, ya sea que tengan sus raíces en prejuicios históricos o en interpretaciones modernas. Comprender los matices y la evolución del pensamiento antisemita es fundamental para desarrollar estrategias efectivas para contrarrestar el pensamiento antisemita y crear una sociedad más inclusiva y tolerante.

Alimentando el terrorismo árabe en Palestina mucho antes de la creacion del Estado de Israel

Mufti al-Hajmani fue un destacado líder palestino de principios del siglo XX, legítimamente asociado con la promoción del terrorismo contra los judíos y la defensa del boicot a las empresas judías. Su alianza con la Alemania nazi durante la Segunda Guerra Mundial fortaleció aún más su posición.personajes controvertidos de la historia, lo que supone una amenaza para la población árabe de Palestina. Usó su influencia para incitar a la violencia contra la comunidad judía, lo que provocó numerosos atentados y atentados terroristas. Su llamado a boicotear las empresas judías estaba motivado tambien por intereses financieros.

Opiniones antisemitas del mufti, Estaba convencido de que los nazis aislarían a los judíos y debilitarían su presencia en la región.

Durante la Segunda Guerra Mundial, el Mufti formó una alianza estratégica con los nazis alemanes, considerándolos aliados potenciales contra el dominio colonial británico en Palestina. Se reunió con altos funcionarios nazis, incluido Adolf Hitler, y apoyó activamente sus políticas antisemitas. Esta alianza intensificó aún más su retórica y acciones antisemitas, lo que provocó un aumento de la violencia y la persecución contra la comunidad judía.

La colaboración del muftí con los nazis fue ampliamente condenada por historiadores y académicos, ya que no sólo perpetuó el antisemitismo, sino que también contribuyó a las atrocidades cometidas durante el Holocausto. Sus acciones tuvieron un impacto duradero en las relaciones entre musulmanes y judíos, reforzando estereotipos negativos y profundizando las tensiones históricas.

El terrorismo del Muftí contra los judíos, el boicot a las empresas judías y la alianza con la Alemania nazi dejaron una huella oscura en la historia. Sus acciones alimentaron el odio y la violencia y perpetuaron las divisiones entre varios grupos religiosos y raciales. Es importante recordar que los árabes de Palestina estaban más interesados en impedir la creación de un Estado judío que en crear el suyo propio.

El mufti promovió la violencia y la discriminación contra los judíos, sirviendo como recordatorio de los peligros del extremismo y la intolerancia. Sus acciones resaltan la importancia de promover la paz, el entendimiento y la cooperación entre diferentes comunidades. Si aprendemos de los errores del pasado, podemos trabajar para construir una sociedad más inclusiva y armoniosa para las generaciones futuras.

2. Los palestinos perdieron oportunidades

A. Comisión Peale

La Comisión Peel se estableció en 1936 como una comisión real británica para investigar las causas de la revuelta árabe en Palestina y hacer recomendaciones para la futura gobernanza de la región. El informe de la comisión de 1937 proponía dividir Palestina en estados judíos y árabes separados, con una zona internacional en Jerusalén. Aunque las recomendaciones de la Comisión Peel no se implementaron, perdieron la oportunidad de lograr una resolución pacífica del conflicto entre judíos y árabes en Palestina.

Las propuestas de partición de la Comisión Peel encontraron fuertes objeciones por parte de líderes judíos y árabes. El Alto Consejo Árabe ha rechazado categóricamente la justicia, argumentando que no garantiza adecuadamente los derechos de la población árabe palestina. Los líderes judíos, inicialmente abiertos a la idea de la partición, finalmente rechazaron el plan porque creían que no crearía un Estado judío viable con suficiente territorio.

A pesar del fracaso de las recomendaciones de la Comisión Peel, la propuesta de partición representaba una oportunidad potencial para una solución pacífica al conflicto palestino. Al crear estados judíos y árabes separados, el Consejo buscó resolver las aspiraciones nacionales en competencia de las dos comunidades. Sin embargo, el rechazo del plan por ambas partes provocó en última instancia una violencia y disturbios continuos en la región.

La Comisión Peel no fue la única oportunidad perdida para la paz por parte de Palestina. A lo largo del siglo XX, se presentaron varias propuestas de partición, federación y otras formas de gobierno, pero fueron

rechazadas por uno o ambos lados. El Plan de Partición
de las Naciones Unidas de 1947, que proponía dividir
los Estados judíos y árabes en Palestina, fue otra
posibilidad que finalmente fue rechazada por los
líderes árabes.

El fracaso en aprovechar estas oportunidades para
lograr la paz en Palestina ha tenido consecuencias
duraderas para la región. El actual conflicto entre
israelíes y palestinos, caracterizado por la violencia, el
desplazamiento y las violaciones de los derechos
humanos, es resultado directo de la incapacidad de
encontrar soluciones justas y duraderas que satisfagan
las aspiraciones nacionales contrapuestas de las dos
comunidades.

En resumen, la Comisión Peel y otras oportunidades
perdidas para la paz palestina representan un capítulo
trágico en la historia de la región. El fracaso en
encontrar una solución justa y equitativa al conflicto
entre judíos y árabes provocó décadas de violencia y
sufrimiento para ambas comunidades. Todas las partes
en el conflicto deben luchar por una solución pacífica
que respete los derechos y aspiraciones de israelíes y
palestinos.

B. División de las Naciones Unidas

La partición de la ONU en 1947 fue un acontecimiento
importante en la historia del conflicto palestino-israelí.
El plan de partición, también conocido como
Resolución 181 de la ONU, pedía la división de
Palestina bajo el Mandato Británico en estados judíos y
árabes separados, con Jerusalén como ciudad
internacional. Aunque este plan fue aceptado por los

líderes judíos, fue rechazado por los líderes árabes y palestinos, lo que provocó el estallido de la primera guerra árabe-israelí en 1948.

Por diversas razones, los palestinos perdieron la oportunidad de dividir a la ONU.

Además, las agencias de la ONU no tuvieron en cuenta los complejos vínculos religiosos y culturales entre judíos y árabes y la tierra de Palestina. Jerusalén en particular era una ciudad de gran importancia para el pueblo judío, y las propuestas del Plan de Partición para convertirla en una ciudad internacional no tuvieron en cuenta adecuadamente los reclamos en competencia sobre la ciudad.

En general, la fragmentación de las Naciones Unidas ha hecho que los palestinos pierdan la oportunidad de encontrar una solución justa y duradera al conflicto palestino-israelí.

La división de las Naciones Unidas en 1947 privó a los palestinos de una solución justa y equitativa al conflicto palestino-israelí. El hecho de que el plan no abordara cuestiones clave como la distribución de la tierra, los derechos de los refugiados y los vínculos religiosos y culturales con la tierra tuvo un impacto duradero en la región. La comunidad internacional debe aprender de los errores del pasado y trabajar para lograr una solución justa y duradera al conflicto que respete los derechos y aspiraciones de israelíes y palestinos.

● C. Acuerdos de Oslo

Los Acuerdos de Oslo, firmados en 1993, fueron vistos

como una oportunidad histórica para un acuerdo de paz entre Israel y Palestina. El acuerdo, mediado por el presidente estadounidense Bill Clinton y el primer ministro israelí Yitzhak Rabin, tiene como objetivo crear un marco para resolver el conflicto de larga data en la región. Sin embargo, a pesar del optimismo inicial sobre el acuerdo, el proceso de paz finalmente se estancó, dejando a los palestinos con la sensación de que se había perdido una oportunidad vital para una resolución justa y duradera del conflicto.

Una de las razones clave del fracaso de los Acuerdos de Oslo fue la falta de confianza entre las dos partes. Aunque el acuerdo exige reconocimiento mutuo y cooperación, los israelíes siguen siendo profundamente escépticos, y con razón. El aumento de la violencia y el apoyo al terrorismo palestino, incluidos los atentados suicidas con bombas y los asesinatos de israelíes, ha profundizado la falta de confianza y socavado aún más el frágil proceso de paz.

Además, el asesinato del Primer Ministro Rabin en 1995 asestó un duro golpe al proceso de paz. Rabin fue un firme defensor de la paz y un arquitecto clave de los Acuerdos de Oslo, y se le considera una voz moderada dentro del gobierno israelí. Su muerte no sólo creó un vacío de poder dentro del liderazgo de Israel, sino que también envalentonó a los sectores más duros de la sociedad israelí que se oponían a cualquier concesión a los palestinos.Pero la verdad con o sin Rabin los palestinos no querian Paz y menos aceptaban un Estado Judio.

En los años transcurridos desde que se frustraron las esperanzas de los ciudadanos israelíes, el terror palestino ha crecido en proporción directa al aumento de la desesperanza de los ciudadanos israelíes.

En resumen, los Acuerdos de Oslo brindaron una oportunidad histórica para la paz entre israelíes y palestinos. Sin embargo, el proceso de paz finalmente se estancó cuando los palestinos, que nunca quisieron una solución de dos Estados, perdieron una importante oportunidad de encontrar una solución justa y duradera al conflicto.

Yasser Arafat fue ante todo un terrorista asesinado y reconocido. Una figura controvertida. Arafat nació en El Cairo en 1929. Se convirtió en una figura clave del movimiento nacionalista palestino y es conocido por su papel en la organización y dirección de operaciones terroristas contra judíos e Israel.

Durante su carrera, Arafat fue responsable de varios ataques terroristas, incluida la infame masacre de los Juegos Olímpicos de Munich de 1972, en la que terroristas palestinos mataron a 11 atletas israelíes. Las tácticas de violencia y terror de Arafat son vistas como un medio para lograr su objetivo final: la creación de un Estado palestino y la independencia de la llamada "ocupación israelí".

A pesar de las tácticas brutales de Arafat y su pleno apoyo al terrorismo, también participó en negociaciones de paz con Israel, especialmente durante los Acuerdos de Oslo de la década de 1990. Estas negociaciones llevaron a que la delegación israelí adoptara una posición "Nahib" respecto de la creación de la Autoridad Palestina y el reconocimiento de la OLP como representante legítima del pueblo palestino.

La única razón por la que Occidente escuchó el discurso en inglés fue porque Arafat recibió ridículamente el Premio Nobel de la Paz en 1994 por "sus esfuerzos para promover la paz en la región", lo cual es una mentira absoluta y completamente contrario a toda evidencia real.

"Escribo esto ahora sabiendo que estaba equivocado, porque también quiero creer que sí, que los palestinos están realmente comprometidos con la paz y, lo que es igualmente importante, quieren un Estado palestino junto a un Estado judío, no Israel en su lugar. "

"Soy culpable de que muchos liberales e izquierdistas radicales estén ansiosos por creer que el proceso de paz puede transmitir sutilmente el verdadero mensaje de los palestinos. Sus demandas no coinciden con las demandas "del río al mar" que se escuchan en cualquier país europeo y americano. ¿Y deshacerse de qué? Deshazte de la soberanía judía.

El compromiso de Arafat con la paz nunca fue verdaderamente sincero; siempre fue un experto en el arte de revelar la verdad para convencer a Occidente de su voluntad de ser un verdadero socio en el proceso de paz. De hecho, continuó apoyando y financiando actividades terroristas contra judíos en todo el mundo, y en Israel en particular. Su negativa a renunciar por completo a la violencia y su posición ambigua respecto al reconocimiento del Estado de Israel han obstaculizado el avance del proceso de paz.

D. Arafat expresó su desaprobación del Estado palestino con capital en Jerusalén

En 2000, Arafat recibió una oportunidad histórica de crear un Estado palestino con Israel durante las negociaciones con el entonces primer ministro israelí Barak y el presidente estadounidense Clinton. La propuesta incluye la creación de un Estado palestino con Jerusalén Oriental como capital y la transferencia de la mayor parte de Cisjordania y el corredor de Gaza al control palestino. Pero Arafat rechazó la propuesta, diciendo que no cumplía con las aspiraciones del pueblo palestino.

La decisión de Arafat de retirarse de la mesa de negociaciones fue vista como una oportunidad perdida para lograr una paz duradera en la región. Su negativa a llegar a acuerdos y su continuo apoyo al terrorismo sólo exacerbarán aún más las tensiones entre israelíes y palestinos, lo que conducirá a una nueva ronda de violencia y conflicto.

El legado de Yasser Arafat como líder terrorista y símbolo de la "resistencia" palestina es complejo y controvertido. Aunque desempeñó un papel importante en la lucha por la independencia palestina, sus tácticas de violencia y terrorismo, así como su renuencia a comprometerse plenamente con la paz, en última instancia obstaculizaron el progreso hacia una solución duradera al conflicto palestino-israelí. La repetida negativa de Arafat a aprovechar las oportunidades de paz con Israel, especialmente durante las negociaciones con Barak y Clinton en 2000, fue un duro recordatorio de las consecuencias de priorizar la violencia sobre la diplomacia.

Abbas pierde oportunidad de trabajar con Olmert

En el ámbito de la diplomacia internacional, las oportunidades de paz suelen ser fugaces y deben aprovecharse cuando surgen. La oportunidad surgió en 2008, cuando el presidente palestino Mahmoud Abbas se reunió con el primer ministro israelí Ehud Olmert para discutir un posible acuerdo de paz. Sin embargo, Abbas finalmente no supo aprovechar esta oportunidad de progreso y los dos líderes no pudieron alcanzar una solución duradera al conflicto palestino-israelí.

La reunión entre Abbas y Olmert tuvo lugar en un contexto de violencia y malestar en la región. Ambos líderes enfrentan presiones de sus electores para encontrar una manera de poner fin al conflicto y establecer una paz duradera. Olmert, en particular, expresó su disposición a hacer importantes concesiones para lograr un acuerdo de paz, incluida la división de Jerusalén y la creación de un Estado palestino.

Abbas, por otro lado, se mostró más reacio a ceder, temiendo ser visto como un traidor a la causa palestina. Sin embargo, tiene la oportunidad de negociar con Olmert y tal vez llegar a un acuerdo que beneficie al pueblo palestino. Sin embargo, Abbas no supo aprovechar esta oportunidad y las negociaciones finalmente terminaron sin una solución.

Hay varias razones por las que Abbas dejó pasar la oportunidad de trabajar con Olmert. Una posible explicación es que está bajo presión de facciones de línea dura dentro de la Autoridad Palestina que se oponen a cualquier concesión a Israel. Abbas puede temer que un acuerdo de paz con Olmert provoque una reacción violenta de estos grupos y ponga en peligro su propia supervivencia política.

Además, Abbas puede temer sufrir el mismo destino que Anwar Sadat, que fue brutalmente asesinado por su propio pueblo por firmar un tratado de paz con Israel.

En general, Abbas no supo aprovechar la oportunidad que le presentó su reunión con Omert, perdiendo la oportunidad de lograr avances en el conflicto palestino-israelí. Los líderes palestinos no lograron alcanzar un acuerdo de paz duradero y el conflicto continúa hasta el día de hoy. Esto nos recuerda la importancia de aprovechar las oportunidades de paz a medida que surgen y las consecuencias de no aprovecharlas. La oportunidad perdida por Abbas de reunirse con Olmert es una advertencia para los futuros líderes involucrados en la diplomacia internacional, enfatizando la necesidad de acciones decisivas y audaces en la búsqueda de la paz.

No sólo Palestina perdió su oportunidad, sino también la Primavera Árabe.

La Primavera Árabe, que estalló a finales de 2010, fue un período transformador en la historia de Oriente Medio y el Norte de África. Fue un momento en el que personas de toda la región se unieron para exigir reformas políticas, oportunidades económicas y justicia social. Las protestas, levantamientos y revoluciones que arrasan países como Túnez, Egipto, Libia y Siria están impulsados por un deseo profundamente arraigado de cambio y un resentimiento hacia los regímenes autoritarios que durante mucho tiempo han oprimido a sus ciudadanos.

Uno de los factores clave que llevaron al inicio de la Primavera Árabe fue el descontento generalizado con las condiciones políticas y económicas en muchos países árabes. El alto desempleo, la corrupción y la falta de libertades políticas han provocado desilusión y desilusión entre la población. Las protestas fueron provocadas por la autoinmolación del vendedor ambulante tunecino Mohamed Bouazizi, quien se prendió fuego para protestar contra la corrupción y la opresión del gobierno. Su acto de desafío indignó al pueblo tunecino y desató una reacción en cadena de protestas que rápidamente se extendió a otros países de la región.

La Primavera Árabe se caracterizó por la esperanza y el optimismo, ya que personas de todos los ámbitos de la vida se unieron para exigir un cambio. Los manifestantes pidieron unánimemente mayores libertades políticas, oportunidades económicas y justicia social. Los impulsa la creencia de que pueden crear un futuro mejor para ellos y sus hijos, libres de la opresión y la corrupción que durante mucho tiempo han asolado a su país.

La Primavera Árabe también puso de relieve el poder de las redes sociales y la tecnología para movilizar y organizar protestas. Plataformas como Facebook, Twitter y YouTube desempeñan un papel vital en la difusión de mensajes, la coordinación de acciones y la sensibilización sobre las injusticias que enfrentan las personas en la región. El uso de las redes sociales permite a los manifestantes eludir la censura gubernamental y conectarse con personas de ideas afines en su propio país y en todo el mundo.

Sin embargo, la Primavera Árabe también enfrentó serios desafíos y reveses. Una ola inicial de protestas en

Túnez y Egipto condujo al derrocamiento de los autócratas Zine el-Abidine Ben Ali y Hosni Mubarak, pero las transiciones posteriores a la democracia han estado plagadas de dificultades. En Libia y Siria, los levantamientos escalaron hasta convertirse en brutales guerras civiles, que causaron enorme sufrimiento y destrucción. Las esperanzas y los sueños de la Primavera Árabe se desvanecieron cuando la región se sumió en el caos y la violencia.

A pesar de estos problemas, el legado de la Primavera Árabe es mixto. Las protestas y levantamientos de 2010-2011 provocaron una ola de cambio que continúa impactando a toda la región. Los pueblos de Oriente Medio y el Norte de África han demostrado que no tienen miedo de defender sus derechos y exigir un futuro mejor para ellos y sus hijos. La Primavera Árabe se ha paralizado en muchos países, provocando sufrimiento, desastre y destrucción.

La Primavera Árabe, al igual que la Primavera Europea, fue una serie de protestas y levantamientos que se extendieron por el mundo árabe en 2010 y 2011 en un intento de lograr un cambio político y social. Sin embargo, a diferencia de la primavera de los países europeos, la Primavera Árabe enfrentó reveses y problemas que obstaculizaron su éxito.

En países como Egipto y Siria, el optimismo y la esperanza iniciales de las protestas dieron paso a la violencia, la represión y la guerra civil. En Egipto, el presidente Hosni Mubarak fue derrocado del poder en 2011, seguido de un período de inestabilidad política que terminó con la toma del control del gobierno por parte de los militares. En Siria, las protestas inicialmente pacíficas contra el régimen del presidente Bashar al-Assad rápidamente escalaron hasta convertirse en una brutal guerra civil que ha matado a cientos de miles de personas y desplazado a millones.

En otros países, como Túnez y Libia, la transición a la democracia ha sido lenta y difícil. En Túnez, cuna de la Primavera Árabe, el país ha logrado avances significativos hacia la democracia, celebrando elecciones libres y justas y adoptando una nueva constitución. Sin embargo, la inestabilidad política y los problemas económicos siguen asolando al país. En Libia, desde el derrocamiento de Muammar Gaddafi en 2011, el vacío de poder ha sido llenado por milicias y facciones rivales, lo que ha provocado violencia e inestabilidad constantes.

Uno de los problemas clave que obstaculizan el éxito de la Primavera Árabe son los conflictos profundamente arraigados en la región, especialmente el conflicto palestino-israelí. El conflicto que dura décadas no es sólo una disputa territorial, como algunos creen. Es un conflicto complejo y multifacético, arraigado en profundas diferencias históricas, religiosas y políticas entre judíos y árabes.

El conflicto palestino-israelí es un problema profundamente arraigado que ha persistido durante décadas. En su análisis del conflicto, Einat Wilf y Aviv Gur sostienen que la diferencia fundamental entre judíos y árabes era el deseo de los judíos de crear un Estado judío, mientras que los árabes se oponían a la existencia de un Estado judío. Esta diferencia fundamental en los objetivos hace que sea extremadamente difícil encontrar soluciones y contribuye a que continúe la inestabilidad en la región.

El conflicto entre Israel y Palestina se remonta a finales del siglo XIX, cuando los inmigrantes judíos comenzaron a establecerse en lo que entonces era parte del Imperio Otomano. El movimiento sionista, que buscaba crear una patria judía en Palestina, chocó con los árabes que consideraban suya la tierra. Este choque de aspiraciones nacionales sentó las bases de un conflicto que continúa hasta el día de hoy.

La creación del Estado de Israel en 1948 aumentó aún más las tensiones entre judíos y árabes. Los estados árabes rechazaron el plan de partición de la ONU, que habría creado estados árabes y judíos separados en Palestina, lo que habría llevado a una guerra que habría desplazado a cientos de miles de palestinos. El incidente, conocido como la Nakba, sigue siendo una fuente de resentimiento e ira entre los palestinos.

Desde entonces, el conflicto ha estado marcado por la violencia y los intentos de negociaciones de paz. Los Acuerdos de Oslo de la década de 1990 tenían como objetivo crear un marco para una solución de dos Estados, pero en última instancia no condujeron a una paz duradera. La actual expansión de los asentamientos israelíes en Cisjordania y el bloqueo de Gaza están complicando aún más los esfuerzos por encontrar una solución al conflicto.

Wilf y Gur sostienen que en el centro del conflicto se encuentran diferencias fundamentales entre judíos y árabes sobre la existencia de un Estado judío. Para los judíos, la creación de Israel representa un viejo sueño de autodeterminación y seguridad después de siglos de persecución. Para los árabes, la creación de Israel es vista como un proyecto colonial que desplazó y marginó a los pueblos indígenas.

Esta diferencia fundamental en los objetivos hace que encontrar una solución al conflicto sea extremadamente difícil. Ambas partes tienen profundos vínculos históricos y emocionales con la tierra, lo que hace que llegar a un acuerdo sea una perspectiva difícil. La continua violencia y desconfianza entre israelíes y palestinos sólo profundizará aún más estas divisiones y hará que la perspectiva de paz sea cada vez más distante.

En resumen, el conflicto palestino-israelí no es un problema complejo, sino un problema profundamente arraigado que surge de diferencias fundamentales entre judíos y árabes sobre la existencia de un Estado judío. Hasta que los palestinos encuentren una manera de aceptar la existencia del Estado de Israel, es probable que el conflicto continúe. Sólo a través del diálogo, la comprensión y la voluntad de llegar a acuerdos se podrá lograr una paz duradera en la región.

La creación del Estado de Israel en 1948 fue un momento clave en el conflicto, cumpliendo el sueño largamente anhelado por el pueblo judío de tener su propia patria. Sin embargo, esta medida encontró la oposición de los árabes de la región, quienes vieron la creación de Israel como una invasión injusta de su tierra. Este desacuerdo fundamental sobre la legitimidad del Estado judío se convirtió en un serio obstáculo para una resolución pacífica del conflicto.

El conflicto palestino-israelí no es una disputa territorial, sino un conflicto ideológico y existencial profundamente arraigado. Para los judíos, Israel representa un refugio y un símbolo de identidad nacional, mientras que para muchos árabes, la existencia de Israel es vista como un recordatorio constante de la injusticia histórica y la opresión actual. Este choque de narrativas ha creado una profunda animosidad entre las dos partes, lo que dificulta encontrar puntos comunes para la paz.

La continua inestabilidad en la región puede explicarse en parte por desacuerdos fundamentales sobre la existencia de un Estado judío. Muchos estados árabes se niegan a reconocer el derecho de Israel a existir, lo que lleva a décadas de conflicto, violencia y desconfianza. La falta de reconocimiento mutuo y del derecho de cada uno a la autodeterminación perpetúa un ciclo de violencia y venganza que sólo profundiza las divisiones entre las partes.

Para resolver el conflicto palestino-israelí, judíos y árabes deben reconocer y respetar las aspiraciones y derechos legítimos de cada uno. Esto requiere voluntad de diálogo, compromiso y reconciliación. Sólo mediante el conocimiento y la comprensión mutuos se podrá lograr una paz duradera en la región. Pero esto es absolutamente imposible cuando los palestinos están más interesados en impedir la existencia del Estado de Israel que en crear su propio Estado.

Las diferencias fundamentales entre judíos y árabes sobre la existencia de un Estado judío se han convertido en un obstáculo importante para resolver el conflicto palestino-israelí. Este conflicto ideológico profundamente arraigado contribuye a la inestabilidad continua en la región y dificulta encontrar un camino hacia la paz. Ambas partes deben reconocer las aspiraciones y derechos legítimos de cada uno para facilitar una resolución pacífica del conflicto.

Si bien la Primavera Árabe inicialmente trajo esperanza y optimismo sobre el cambio en el mundo árabe, también enfrentó importantes desafíos y reveses. Los conflictos profundamente arraigados en la región, especialmente el conflicto palestino-israelí, han obstaculizado el éxito de las protestas y contribuido a la violencia, la represión y la inestabilidad política constantes. De cara al futuro, la comunidad internacional debe seguir apoyando los esfuerzos regionales para garantizar la paz y la estabilidad.

El conflicto palestino-israelí no es una simple disputa territorial, sino un problema profundamente arraigado que ha durado décadas. En su análisis del conflicto, Einat Wilf y Haviv Gur sostienen que la diferencia fundamental entre judíos y árabes era el deseo de los judíos de un Estado judío y el rechazo de los árabes a la existencia de un Estado judío.

Las diferencias en los objetivos hacen que encontrar soluciones sea extremadamente difícil y contribuyen a que continúe la inestabilidad en la región.

La creación del Estado de Israel en 1948 fue un momento clave en el conflicto, cumpliendo el sueño largamente anhelado por el pueblo judío de tener su propia patria. Sin embargo, esta medida encontró la oposición de los árabes de la región, quienes vieron la creación de Israel como una invasión injusta de su tierra. Este desacuerdo fundamental sobre la legitimidad del Estado judío se convirtió en un serio obstáculo para una resolución pacífica del conflicto.

El conflicto palestino-israelí no es una disputa territorial, sino un conflicto ideológico y existencial profundamente arraigado. Para los judíos, Israel representa un refugio y un símbolo de identidad nacional, mientras que para muchos árabes, la existencia de Israel es vista como un recordatorio constante de la injusticia histórica y la opresión actual. Este choque de narrativas ha creado una profunda animosidad entre las dos partes, lo que dificulta encontrar puntos comunes para la paz.

La continua inestabilidad en la región puede explicarse en parte por desacuerdos fundamentales sobre la existencia de un Estado judío. Muchos estados árabes se niegan a reconocer el derecho de Israel a existir, lo que lleva a décadas de conflicto, violencia y desconfianza. La falta de reconocimiento mutuo y del derecho de cada uno a la autodeterminación perpetúa un ciclo de violencia y venganza que sólo profundiza las divisiones entre las partes.

Para lograr una solución al conflicto palestino-israelí, es necesario reconocer y respetar las aspiraciones y derechos legítimos de cada uno. Esto requiere voluntad de diálogo, compromiso y reconciliación. Sólo mediante el conocimiento y la comprensión mutuos se podrá lograr una paz duradera en la región. Los judíos han tenido y quieren establecer profundos vínculos históricos y culturales con esta tierra.

Las diferencias fundamentales entre judíos y árabes sobre la existencia de un Estado judío se han convertido en un obstáculo importante para resolver el conflicto palestino-israelí. Este conflicto ideológico profundamente arraigado contribuye a la inestabilidad continua en la región y dificulta encontrar un camino hacia la paz. Ambas partes deben reconocer las aspiraciones y derechos legítimos de cada uno para facilitar una resolución pacífica del conflicto.

A pesar de los desafíos y reveses que enfrentaron la Primavera Árabe y el conflicto palestino-israelí, todavía hay motivos para el optimismo en Medio Oriente. La región tiene una población joven y dinámica que exige cada vez mayores libertades políticas, oportunidades económicas y justicia social. Puede que la Primavera Árabe no traiga un cambio inmediato o duradero, pero ha creado una nueva ola de activismo y compromiso que seguirá dando forma al futuro.

La Primavera Árabe y el conflicto palestino-israelí son sólo dos ejemplos de los problemas complejos e interconectados que enfrenta Oriente Medio. Si bien no existen soluciones fáciles para estos problemas, la región tiene motivos para ser optimista. Al abordar las causas profundas del conflicto, promover el diálogo y la reconciliación y apoyar las aspiraciones de su pueblo, el Medio Oriente puede superar sus problemas y construir un futuro más pacífico y próspero.

La Primavera Árabe ha traído cierta esperanza a quienes quieren un cambio real y un nuevo contrato social entre los gobernantes y los gobernados de Medio Oriente. Sin embargo, los desafíos y reveses que enfrenta el movimiento resaltan problemas y complejidades profundamente arraigados en la región. El conflicto entre Israel y Palestina es sólo un ejemplo de los desafíos más amplios que enfrenta el Medio

Oriente en transición.

Mientras la región continúa lidiando con estos problemas, es importante reconocer la complejidad y los matices de los conflictos y las cuestiones. Sólo entendiendo los orígenes de estos conflictos podemos esperar encontrar sus orígenes.

Una tierra más estable y pacífica.

Se trata de un problema profundamente arraigado que se remonta a principios del siglo XX. La creación del Estado de Israel en 1948 provocó el desplazamiento de cientos de miles de palestinos, que se convirtieron en refugiados en países vecinos. Las guerras y conflictos posteriores entre Israel y sus vecinos árabes, así como la actual ocupación de territorios palestinos, no han hecho más que aumentar la hostilidad y la desconfianza entre las dos partes.

El conflicto palestino-israelí no es una disputa territorial, sino un conflicto entre identidades nacionales, narrativas históricas y creencias religiosas. Los judíos tienen derechos legales sobre la tierra y han sufrido mucho como resultado del conflicto, pero en realidad su historia es la de un largo y complejo intento de borrar a los judíos de la faz de la tierra.

La comunidad internacional ha intentado resolver el conflicto y encontrar una solución, pero sigue siendo difícil alcanzar un acuerdo de paz duradero.

Como dijo Einat Wilf, Occidente prefirió sentirse bien a actuar bien. Eligieron financiar a la UNRWA en lugar de confrontar las raíces terroristas de la organización palestina en cuestión.

Oriente Medio es una región diversa, rica en historia y cultura. También es una región de enorme complejidad, contradicciones y problemas profundos. Los problemas que enfrenta Oriente Medio hoy no son sólo políticos o económicos, sino también sociales, culturales y religiosos. Los conflictos en la región, incluido el conflicto palestino-israelí, reflejan estas cuestiones y cambios más amplios.

Para comprender Oriente Medio y su dirección futura, es importante considerar el contexto histórico, las experiencias compartidas y los problemas complejos que enfrenta la región. Los paralelos entre el mundo árabe y la Europa del siglo XIX nos dan una idea de la magnitud del cambio que estaba experimentando el mundo árabe. Los conflictos en el Medio Oriente, especialmente el conflicto palestino-israelí, son un reflejo de estos cambios y desafíos más amplios.

Oriente Medio es una región de profundas contradicciones y desafíos. Los desafíos que enfrenta la región hoy no son sólo políticos o económicos, sino también sociales, culturales y religiosos. Los conflictos en el Medio Oriente, incluido el conflicto palestino-israelí, reflejan estas cuestiones y cambios más amplios. Para comprender Oriente Medio y su dirección futura, es importante considerar el contexto histórico y las experiencias compartidas.

La reforma política y la lucha por una mayor representación durante la Primavera Árabe estuvieron asociadas con el aumento del sectarismo y la necesidad de encontrar una expresión política adecuada para estos diversos grupos.

Una vez que se expone la artificialidad de un edificio centenario, la antigua identidad, latente durante casi un siglo, emerge y ocupa el lugar que le corresponde. En Europa se les llama "naciones" y "pueblos", en Medio Oriente se les llama "tribus", "sectas" y "razas", pero el principio es el mismo. Los grupos que reclaman cohesión basada en la historia, el idioma, la cultura y la sangre exigen cada vez más que las estructuras políticas que no reflejan a estos grupos (ya sean imperios multinacionales, estados artificiales creados por potencias coloniales o pequeños principados) den paso a nuevas estructuras. esto refleja mejor las demandas de los grupos de una expresión política más cohesiva.

Así como los imperios no cedieron fácilmente a las demandas de sus naciones sometidas, y así como Alemania e Italia no surgieron de principados separados sin batallas sangrientas, sería un error esperar orden después de la Primera Guerra Mundial. La identidad creada durante el siglo pasado, aunque relativamente nueva, no puede borrarse fácilmente. Los actores actuales en Medio Oriente son los sirios, iraquíes, jordanos y saudíes, y tienen poder. Estas nuevas identidades también tienen el poder del interés: fuertes intereses económicos y militares están vinculados al mantenimiento de las nuevas identidades, y no se rendirán sin una lucha muy sangrienta.

Nueva arquitectura del poder

Debe haber una fuerte conexión entre su identidad nacional y sus ambiciones de política exterior.

.Árbol – Türkiye, Irán y Arabia Saudita. Cada uno de estos países tiene una identidad nacional única arraigada en la historia, la cultura y la religión, y cada país busca expandir su influencia en la región basándose en esta identidad.

Türkiye, por ejemplo, se considera un puente entre Europa y Asia, con una historia que abarca ambos continentes. Pero Erdogan parece estar ocupado promoviendo teorías antisemitas y propaganda antiisraelí. La política exterior de Turquía está motivada por el deseo de proteger sus intereses en la región, incluido el apoyo a los grupos musulmanes suníes en Siria y la oposición al separatismo kurdo.

Irán, por otra parte, se considera el guardián del Islam chiita y el líder del mundo islámico. Su política exterior apunta a proteger a las comunidades chiítas de la región y contrarrestar la influencia de potencias suníes como Arabia Saudita. El apoyo de Irán a las milicias chiítas en Irak y Siria, así como su programa nuclear, son parte de su estrategia para expandir su influencia en la región.

Al mismo tiempo, Arabia Saudita se considera líder del mundo musulmán sunita y custodio de los santuarios del Islam. Su política exterior tiene como objetivo contrarrestar la influencia de potencias chiítas como Irán y proteger sus intereses en la región. El apoyo de Arabia Saudita a los grupos suníes en Siria y su intervención en Yemen son parte de su estrategia para ampliar su influencia en la región.

Los tres países están atrapados en una compleja red de alianzas y competencia, cada uno de los cuales intenta ser más astuto que los demás para expandir su influencia. Türkiye, por ejemplo, se ha asociado con Qatar y Rusia para contrarrestar la influencia de Arabia Saudita e Irán. Mientras tanto, Irán se ha aliado con Siria y Hezbollah para contrarrestar la influencia de Turquía y Arabia Saudita. Arabia Saudita también se unió a los Emiratos Árabes Unidos y Egipto para contrarrestar la influencia de Irán y Turquía.

Esta nueva arquitectura en Medio Oriente se caracteriza por alianzas cambiantes, luchas encubiertas y abiertas y una fuerte conexión entre la identidad nacional y las ambiciones de política exterior. Como en la Europa del siglo XIX, las potencias medias de la región están involucradas en un complejo juego de política de poder, cada una de las cuales intenta expandir su influencia y proteger sus intereses en la región. A medida que disminuye el dominio de la geopolítica de Oriente Medio durante la Guerra Fría, es probable que esta nueva arquitectura centrada en Turquía, Irán y Arabia Saudita siga evolucionando.

Los países históricamente dominados por el Imperio Otomano (Turquía, Irán e Israel) se encuentran entre aquellos con identidades nacionales más singulares. Está claro que Türkiye ha pasado por un difícil proceso para establecerse como un país con intereses a largo plazo.

Palestinos.

Como heredero de la sede del Imperio Otomano, era una potencia regional natural en territorios que anteriormente estaban bajo control imperial. Aunque queda mucho por hacer en términos de mayor apertura, democratización y expresión nacional de las minorías, el poder y la cohesión de Turquía sólo se ven ligeramente amenazados por la tardía Primavera Otomana. Por tanto, Türkiye es plenamente capaz de desempeñar el papel de potencia regional.

Informe de la minoría: los judíos son las primeras víctimas, pero nunca serán las últimas

Un ejemplo de cómo la Dra. Wilf respondió al Medio Oriente compartiendo sus experiencias

Precisamente el otro día, un colega cristiano libanés planteó un comentario que me conmovió profundamente. "Nosotros, los árabes de Medio Oriente, los extrañamos, judíos", dijo. Esta declaración, hecha por un miembro de una comunidad históricamente hostil a los judíos, fue a la vez sorprendente y aleccionadora.

Continuando con su discurso, mi colega explicó que la deportación y expulsión forzada de casi un millón de judíos del Medio Oriente árabe hace más de sesenta años fue sólo el comienzo de una tendencia más amplia de persecución y desplazamiento en la región. Señaló que la actual ola de atrocidades islámicas, genocidio y limpieza étnica tiene como objetivo a las comunidades cristianas en áreas donde el Estado Islámico está tomando el control. Así como las comunidades judías fueron desarraigadas, estas comunidades cristianas (algunas de las cuales son anteriores al surgimiento del Islam) enfrentan ahora un destino similar.

Existen sorprendentes similitudes entre las experiencias de las comunidades judía y cristiana en el Medio Oriente. Ambos grupos han sido atacados por sus creencias religiosas e identidades culturales, y ambos han sufrido violencia y desplazamiento a manos de fuerzas extremistas. El hecho de que mi colega, un miembro de la comunidad árabe cristiana, haya podido ver y reconocer estas similitudes dice mucho sobre la magnitud de la tragedia que se desarrolla en la región.

La difícil situación de las comunidades cristianas en Medio Oriente es un claro recordatorio de cuán vulnerable es la diversidad religiosa y cultural al extremismo. Es un recordatorio de que el poder de la intolerancia y el odio pueden borrar rápidamente siglos de coexistencia y respeto mutuo. Nos recuerda que debemos permanecer vigilantes frente a tales amenazas y que debemos trabajar juntos para proteger y preservar las ricas identidades que conforman nuestro mundo.

Al reflexionar sobre las palabras de mi colega, recordé la importancia de la unidad y la compasión frente a la adversidad. Cuando somos testigos del sufrimiento de nuestros semejantes, independientemente de su origen religioso o cultural, debemos unirnos en apoyo y solidaridad. Debemos rechazar las fuerzas de la discordia y el odio y promover un futuro pacífico y armonioso para la humanidad.

En general, los comentarios de mi colega fueron un poderoso recordatorio de las experiencias y luchas compartidas de varios grupos religiosos y culturales en el Medio Oriente. Nos llama a todos a unirnos contra la intolerancia y la violencia y trabajar para construir un futuro que celebre y proteja la diversidad y la coexistencia. Sólo juntos podemos esperar construir un mundo más justo y pacífico para todos.

El Dr. Ainat Wilf añadió: "Dijo que le asustaba la idea de un Oriente Medio árabe sin minorías. Expresó su preocupación de que la intolerancia mostrada hacia los judíos hace décadas se esté volviendo ahora contra casi todos los demás grupos minoritarios. Musulmanes chiítas y sunitas que no se adhieren a los locos estándares de piedad musulmana establecidos por el Estado Islámico.

Mis colegas árabes reconocieron audazmente esta simple verdad que el mundo ha aprendido una y otra vez pero que nunca parece comprender: todo comienza con los judíos. Para los judíos, las cosas nunca se hacen.

Una vez que la sociedad se deshaga de los judíos, la ola de odio, intolerancia y crueldad no quedará satisfecha. Tarde o temprano otros seguirán este ejemplo. No sólo nunca termina con los judíos. Nunca se trató de judíos. Por eso nunca terminan. El odio a los judíos está dirigido a quienes odian, no contra quienes son odiados.

Cuando Europa debatió la "cuestión judía" en el siglo XIX, en realidad no era una cuestión judía, sino una cuestión europea. Se trata de lo que Europa es y lo que quiere ser.

Lamentablemente, Europa estableció su identidad como continente, su ideología y sus lealtades sobre las espaldas y, en última instancia, sobre las cenizas de los judíos, destruyendo en el proceso casi toda la civilización europea.

Mientras Europa experimenta una vez más una ola de odio e intolerancia hacia los judíos -sin importar cómo los llamen y por mucho que traten de ocultarlos-, es hora de que Europa se pregunte qué le pasa, no qué le pasa. ¿Cuál es el problema con los judíos? La autoimagen de Europa está siendo cuestionada desde dentro y desde fuera, y esta vez muchos judíos no parecen estar dispuestos a quedarse y ver cómo Europa resuelve sus problemas "esta vez".

El mundo árabe no es diferente en la "cuestión judía". No se trata de judíos ni siquiera de Israel y el sionismo, sino de identidad árabe y musulmana. Y, al igual que Europa antes y, lamentablemente, tal vez todavía, está formulando su propia identidad, ideología y prejuicios, primero bajo los auspicios de los judíos y ahora bajo los auspicios de ideologías radicales. Fue una reacción a la pasividad de los judíos en el exilio y a la aceptación resignada de su destino como minoría perseguida y marginada. Como movimiento secular, se rebeló contra la simple expectativa del Mesías. Pide a los judíos que se conviertan en su propio Mesías, que vayan ellos mismos a Tierra Santa para restaurar la soberanía judía, en lugar de esperar a que el Ungido de Dios lo haga por ellos.

Además, el sionismo también contiene un elemento que exige la negación total de la vida judía en el exilio. Sin embargo, esto no se aplica a todos los pensadores sionistas. Por ejemplo, Herzl creía que la restauración de la soberanía judía también promovería la vida de los judíos en el exilio al liberarlos de su condición de pueblo apátrida a merced del Estado. Con la creación del Estado judío, como describió en su novela La tierra de lo viejo y lo nuevo, "aquellos judíos que querían asimilarse a otros pueblos ahora podían hacerlo abiertamente, sin cobardía ni engaño. También había quienes querían convertirse a la religión dominante; ahora podían hacerlo sin despertar sospechas de esnobismo o ambición, ya que ya no les convenía abandonar el judaísmo.

Herzl creía que una vez que los judíos establecieran un estado, podrían caminar con orgullo entre las naciones como iguales, incluso si no se convertían en ciudadanos. Pero a medida que la situación en la diáspora se volvió cada vez más grave y finalmente condujo al genocidio, la decisión de muchos judíos de permanecer en Europa fue tratada con desdén. Para muchos sionistas, la consolidación de su estatus embrionario y los crecientes peligros que enfrentaban los judíos europeos deslegitimaron la vida en la diáspora.

Negación del exilio (Sirat Hagrut hebreo), como es sabido, niega no sólo la legitimidad de la vida judía en la diáspora, sino también su esencia misma. Para expresar esto, el sionismo creó una serie de oposiciones: actividad y pasividad, fuerza y debilidad, orgullo y vergüenza, autosuficiencia y dependencia, salud y patología. El sionismo fue visto como una cura para los males que los exiliados trajeron al judaísmo.

Entonces, cuando ocurrió el Holocausto, fue una afrenta a la ideología central del sionismo. Los judíos que murieron en el Holocausto representaban todo lo que el sionismo quería cambiar. La víctima es vista como pasiva, yendo hacia la muerte, como un "cordero al matadero". Eran débiles, dependientes y habían sufrido la mayor humillación de todas: el genocidio industrial. Siempre que se rebelaron fue porque eran sionistas. Los combatientes de la resistencia del gueto de Varsovia, por ejemplo, se convirtieron en héroes nacionales en parte porque eran miembros del movimiento juvenil sionista que se preparaba para emigrar a Israel. Los supervivientes veían el sionismo aún peor. Se sospechaba de ellos sólo porque sobrevivieron. El Dr. Wilf explicó: "Sospechamos que deben haber actuado mediante engaño y traición para hacer esto.

El nuevo Estado de Israel dio la bienvenida a los supervivientes del Holocausto y los reclutó para luchar por la independencia. Ésta es otra forma de inclusión pragmática. Israel los necesita para sobrevivir. Pero no quiere escuchar sus historias y no les encuentra lugar en la narrativa sionista. En el mejor de los casos, son evidencia de que la vida judía en el exilio era imposible. Son negativos en comparación con los aspectos positivos del sionismo.

Sin embargo, a partir del juicio farsa de Adolf Eichmann en 1961, el pueblo israelí no sólo empezó a escuchar las voces de los supervivientes, sino que también reescribió la historia de Israel y el sionismo en consecuencia. Esto no sucedió de inmediato, pero durante las décadas siguientes la historia del Holocausto y sus consecuencias

La visión de Herzl sobre el judaísmo era tan secular y nacional que creía que los musulmanes, cristianos y judíos religiosos podían ser todos sionistas. "

Y añadió: "Muchos no eran judíos y algunos eran cristianos devotos. Sin embargo, su inmigración a Israel se consideró muy valiosa—incluso "salvadora"—debido a sus orígenes judíos para ese país. El hecho de que cuando su condición de no judíos se convierte en un problema -por ejemplo, el entierro de los soldados caídos- cause indignación entre la sociedad israelí en general sugiere que para la mayoría de los israelíes son completamente irrelevantes. Es dudoso que pertenezcan a los israelíes. "

Gur y Wilf estuvieron de acuerdo sobre todo el proceso y las consecuencias. Como explica el Dr. Wilf

"En las últimas décadas, Israel también ha tratado de incluir a las comunidades drusa y beduina. Las razones iniciales fueron pragmáticas. En este caso se necesitaban soldados. Judíos versus ejércitos árabes invasores Desde entonces, los drusos y muchos beduinos se han integrado a las Fuerzas de Defensa de Israel. Desde entonces, los drusos y los beduinos se han convertido en héroes militares. un héroe mediático cuando regresó al campo de batalla a pesar de herir gravemente a personas, y además sionistas. Esto no significa que no haya discriminación u otros problemas, pero sí demuestra que el sionismo está dispuesto a aceptar a quienes estén de acuerdo con él. de hecho, el sionismo, judío o no judío, parece tener dificultades para incluir a los no judíos sólo cuando abraza identidades nacionales árabes o palestinas en competencia. El propio sionismo puede incluir a los no judíos en su historia hasta que se unan. con narrativas en competencia."

El profesor Gur sostiene con razón que los límites de la inclusión hoy son los judíos ultraortodoxos y los cristianos israelíes. En el pasado, los cristianos israelíes adoptaron en gran medida identidades árabes y palestinas. Los cristianos se encuentran entre los pensadores y formadores más importantes del nacionalismo árabe y palestino moderno y, a menudo, entre sus más fervientes seguidores. Esto se debe en parte a su condición de minoría entre los árabes musulmanes. Sin embargo, en los últimos años, a medida que las revoluciones de la Primavera Árabe han amenazado las vidas de los cristianos en el Medio Oriente, los cristianos israelíes han comenzado a explorar la posibilidad de una identidad cristiana israelí en lugar de árabe. A medida que la identidad árabe se ve cada vez más como puramente musulmana e incluso abiertamente hostil a los cristianos, la identidad israelí se ha convertido en una nueva opción de identidad. Al igual que con los drusos y los beduinos, esto se explora a través del servicio en las Fuerzas de Defensa de Israel, ya que un número creciente de voces en la comunidad cristiana ven el servicio militar como un medio para comprometerse con "el propio país". En respuesta, las Fuerzas de Defensa de Israel están tomando medidas para facilitar que las personas sirvan en el ejército. Este proceso apenas comenzaba y fue políticamente polémico, pero demostró una vez más que el sionismo estaba dispuesto y era capaz de integrar a los no judíos que no aceptaban identidades competitivas hostiles al sionismo.

Los judíos ultraortodoxos, por su parte, se han mostrado ambivalentes respecto al sionismo desde el principio. El sionismo es un movimiento completamente moderno que cree que las personas deben determinar su propio destino y no aceptar pasivamente la voluntad de Dios. Además, está compuesto principalmente por judíos seculares e incluso ateos que se rebelan contra el modo de vida religioso. Como resultado, muchos pensadores ultraortodoxos consideran que el sionismo es una herejía. Wilf condenó lo que muchos de nosotros ya sabemos, pero muchos no están dispuestos a admitir, que "algunas sectas ultraortodoxas extremas incluso afirman que el sionismo es una afrenta a Dios y un obstáculo para la salvación".

Nuestros sueños más extravagantes.

Al comienzo de Mi tierra prometida, Shavit se hace eco de las preocupaciones de Klein Halevi. Él admite: "Desde que tengo uso de razón, recuerdo el miedo. Miedo existencial, pero luego, después de detallar innumerables casos de miedo existencial desde 1967, también admite: "Desde que tengo uso de razón, recuerdo la ocupación". .", que cuenta cómo la gran victoria de Israel convirtió a "mi país" en una "potencia ocupante".

Klein-Halevi y Shavita están atormentados por estos cambios y extremos. Luchan por conciliar el éxito y el fracaso; triunfo y tragedia; el orgullo y la vergüenza de Israel y el sionismo;

De hecho, su sueño es vivir en paz y prosperidad.

Nuestro sueño más extravagante como nación es vivir en una tierra de paz y prosperidad donde todos los ciudadanos puedan vivir juntos en armonía, independientemente de sus diferencias. Sin embargo, este sueño parece haber sido eclipsado por la realidad del conflicto y la ocupación que ha asolado a nuestro país durante décadas.

El miedo a las amenazas existenciales ha estado

arraigado en nuestra conciencia colectiva desde que tenemos memoria. Las guerras y los conflictos en curso nos hacen sentir ansiosos e inseguros sobre el futuro. La victoria en la Guerra de los Seis Días en 1967 debería haber sido un momento de triunfo y celebración, pero en cambio marcó el comienzo de un nuevo capítulo de ocupación y opresión.

La ocupación de territorios palestinos se ha convertido en una fuente de vergüenza y culpa para muchos israelíes, que luchan por reconciliar su identidad nacional con las injusticias cometidas en nombre de la seguridad. El sueño de una patria judía donde nuestro pueblo pudiera vivir en paz y seguridad se vio empañado por la realidad de la ocupación y el conflicto.

A pesar de estos desafíos, mantenemos la esperanza de un futuro brillante. Las voces a favor de la paz y la reconciliación son cada vez más fuertes a medida que más israelíes y palestinos se unen para hacer realidad una visión compartida de coexistencia. Este sueño puede hacerse realidad si tenemos el coraje de perseguirlo y construir una sociedad justa y pacífica en la que todos los ciudadanos puedan vivir con dignidad y respeto.

Nuestros sueños más extravagantes no son sólo fantasías lejanas, sino una realidad por la que podemos luchar todos los días. Al reconocer los errores del pasado y trabajar para crear un futuro más inclusivo y equitativo, podemos construir una sociedad que encarne los valores de justicia, igualdad y paz.

En conclusión, nuestro sueño más extravagante como nación, el sueño sionista, es vivir en una tierra de paz y prosperidad. Aunque existen desafíos y obstáculos en nuestro camino hacia adelante, debemos seguir esforzándonos por hacer realidad este sueño con gran determinación y perseverancia. Sólo trabajando juntos hacia una visión compartida de coexistencia podremos realmente hacer realidad nuestros sueños más extravagantes.

" Todos entendieron que el cambio de década de 1967 a 1973 y 1977, y especialmente el trauma de 1973, habían "desequilibrado la psique israelí". Todos están tratando de restablecer este equilibrio individualmente. Es como si hubieran abandonado cualquier posibilidad de explicación intelectual de Israel, el sionismo y las grandes revoluciones de la historia judía moderna. Para ellos, el sionismo e Israel son vida, y así como la vida humana se cuenta en lugar de explicarse, intentan contar la historia de Israel de la única manera posible: Klein Halevi identifica siete. La historia de dos paracaidistas de las FDI y sus vidas es muy representativa. Sus héroes son los kibutzniks Arik Ahmon, Udi Adiv, Meir Ariel y Avital Geva, así como los religiosos sionistas Yor Bin-Nun, Israel Harel y Hanan Porat; Estos paracaidistas atravesaron las puertas de la Ciudad Vieja y se convirtieron en los primeros ciudadanos del estado soberano judío en más de dos mil años en pararse en el Monte del Templo y tocar las piedras del Muro Occidental. Estos fueron los mismos paracaidistas que marcaron la diferencia en la victoria de Israel durante la Guerra de Yom Kippur de 1973 cuando, al borde de la locura, se atrevieron a cruzar el Canal de Suez y convertirlo en el Stalingrado de Israel.

Aunque el propio Klein Halevi admite que sus

protagonistas pertenecen a un grupo muy pequeño y socialmente homogéneo -los hombres asquenazíes nacidos en los años 1940-, a través de siete de ellos, sus familias y amigos, logró captar toda la historia política, ideológica, económica y cultural. El espectro de Israel: del antisionismo de izquierda al imperialismo mesiánico de derecha, del capitalismo ambicioso al socialismo espartano, del ateísmo radical al dogmatismo religioso, del hedonismo de Tel Aviv al ascetismo del judaísmo, del arte conceptual de vanguardia al Poesía mística judía. Cuenta la historia de su lucha ideológica y hermandad en la guerra, así como las historias que los dividieron y luego los unieron.

Desde el principio, el éxito les hizo poner los ojos en blanco. "Estaban allí contra los sionistas, utilizando su precioso Holocausto para justificar su país, su poder, sus errores, disfrutando de un mundo de silencio".

Mucha gente cree que sin el Holocausto no habría Israel. La mayoría de ellos hacen esta suposición de buena fe. El propio Presidente de los Estados Unidos, en un discurso pronunciado en El Cairo el 4 de junio de 2009, habló de "reconocer que el deseo de una patria judía tiene sus raíces en una historia innegablemente trágica".

Pero a medida que muchas personas se convencieron de que sin el Holocausto no habría Israel, aquellos que querían borrar a Israel de los mapas y de la memoria o aislarlo como un Estado ilegítimo comenzaron a resentirse por el Holocausto, o al menos por su conexión con Israel.

El presidente estadounidense quiere adoptar una postura crítica contra la negación del Holocausto en las capitales del mundo árabe. No comprende que al repetir la peligrosa ecuación de que la legitimidad global de Israel tiene sus raíces en el Holocausto, está provocando la negación del Holocausto entre quienes siguen creyendo que Israel no es un Estado legítimo.

Negación del Holocausto, minimización del Holocausto ("6 millones es una cifra exagerada"), "nivelación" del Holocausto ("Hay otros genocidios y limpiezas étnicas, y el Holocausto no es una excepción"), revertir el Holocausto (" Lo que los nazis hicieron a los judíos fue lo que los judíos hicieron a todos los demás"), la marginación del Holocausto ("Otros también murieron en la guerra") y la solidaridad con el Holocausto ("Los palestinos fueron las segundas víctimas del Holocausto")" son aspectos casi diferentes de la misma cosa. el esfuerzo es privar a Israel de su aparentemente poderosa e innegable fuente de legitimidad.

La engañosa mentira de que "los palestinos son víctimas secundarias de los crímenes de Europa" es una de las peores mentiras de todas, porque para el ojo inexperto suena muy lógica. En esta historia, después de la Segunda Guerra Mundial, cuando quedó claro que la "Solución Final" no era definitiva y que no se podía esperar ni dar la bienvenida a los sobrevivientes judíos para que permanecieran en Europa, los europeos decidieron "abandonar" a los sobrevivientes judíos "a un vida entre judíos desprevenidos". Árabes en áreas bajo colonización europea.

Esta solución favorable a Europa provocó el

desplazamiento de cientos de miles de palestinos que desde entonces han quedado sin hogar y ocupados. Los palestinos son, por tanto, víctimas secundarias y aún no compensadas de los crímenes de Europa contra los judíos.

Israel no existe porque los europeos abandonaron a los judíos supervivientes en el Medio Oriente controlado por las colonias. Israel existe porque los judíos quieren que exista.

Según Wilf, "el Estado de Israel moderno existe porque los judíos que lo fundaron se consideraban descendientes de los antiguos israelitas y de los judíos que ostentaban la soberanía en la antigüedad y pagaban un alto precio para mantener su existencia independiente como pueblo". El Estado de Israel moderno ya existe".

Se suponía que Israel sería creado en 1900, pero esto no sucedió sólo porque los árabes lo impidieron.

Uno de los mayores obstáculos para la paz, y ciertamente el menos comprendido, es la persistencia del problema de los refugiados palestinos y la expansión de la Agencia de Obras Públicas y Socorro de las Naciones Unidas en el Este (UNRWA). Si bien el número real de árabes que todavía pueden reclamar el estatus de refugiados de la guerra árabe-israelí de 1947-1949 hoy no supera las decenas de miles, el número registrado como refugiados ha llegado a 5 millones, y millones cuentan por millones. . La gente reclama este estatus.

La UNRWA es un "problema"

Desde la Segunda Guerra Mundial, el Alto Comisionado de las Naciones Unidas para los Refugiados se ha encargado del bienestar de todos los refugiados del mundo, ayudando a reasentarlos y reasentarlos para que casi todos dejen de ser refugiados, con una excepción: los árabes. de Palestina. En contraste, la UNRWA, una organización creada durante la guerra árabe-israelí de 1947-1949, trabajó con los estados árabes para resolver el problema de los refugiados árabes de Palestina que se negaron a reasentar a los refugiados en las áreas donde vivían. Transportarlos a un tercer país. Para empeorar las cosas, la UNRWA se aseguró de que el problema de los refugiados empeorara al registrar automáticamente como refugiados permanentes a los descendientes de los refugiados de guerra originales, que para los palestinos son una característica genética única.

El profesor Gül explicó que, por tanto, los países árabes presentaron un plan claro y a largo plazo para el futuro coherente con sus objetivos, dejando claro que mejorar las condiciones de vida de cientos de miles de refugiados era menos importante que librar una guerra contra el sionismo.

La afirmación del Dr. Wilf de que la UNRWA se involucra en un autoengrandecimiento burocrático al exagerar el número de personas bajo su cuidado plantea preguntas importantes sobre el tratamiento de los refugiados palestinos y sus descendientes. El estatus de refugiado palestino ha sido un tema controvertido durante décadas, y muchos argumentan que los descendientes de los refugiados originales de la guerra árabe-israelí no deberían ser considerados refugiados en absoluto.

Uno de los argumentos clave del Dr. Wilf es que la gran mayoría de los refugiados palestinos y sus descendientes son ciudadanos de terceros países, como Jordania, o viven en sus territorios de nacimiento, como Gaza y Cisjordania. Esto plantea la cuestión de si estas personas realmente califican como refugiados según el derecho internacional. Según el Alto Comisionado de las Naciones Unidas para los Refugiados (ACNUR), un refugiado es una persona que se ha visto obligada a abandonar su país debido a la persecución, la guerra o la violencia. Sin embargo, es posible que las personas no califiquen para el estatus de refugiado si son ciudadanos de otro país o región, o si viven en su país de nacimiento y tienen un futuro allí.

Además, los palestinos nacidos en Cisjordania y la Franja de Gaza no huyen de la guerra ni buscan refugio: la propia Autoridad Palestina los considera ciudadanos palestinos. Esto plantea dudas sobre por qué la UNRWA todavía los clasifica como refugiados. Ningún otro grupo de personas en el mundo está registrado como refugiado y es también ciudadano de otro país o territorio. Esto generó preocupaciones sobre la exactitud de las cifras de refugiados de la UNRWA y la posibilidad de manipulación burocrática.

Además, si la UE adopta una política de clasificar la Franja de Gaza y Cisjordania como territorios palestinos, y algunos países de la UE ya reconocen a Palestina como Estado, sería ilógico clasificar a los palestinos que viven en estos territorios como refugiados. Si estos territorios se consideran parte de un futuro Estado palestino, entonces las personas que viven allí deberían ser consideradas ciudadanos de ese Estado y no refugiados.

En resumen, la afirmación del Dr. Wilf de que la
UNRWA se involucra en un autoengrandecimiento
burocrático al exagerar el número de personas bajo su
cuidado plantea preguntas importantes sobre el
tratamiento de los refugiados palestinos y sus
descendientes. La cuestión del estatuto de refugiado
palestino es una cuestión compleja y controvertida que
debe resolverse de manera justa y transparente. Si los
descendientes de los refugiados árabes de la guerra
árabe-israelí no cumplen con los criterios de
refugiados, es importante reevaluar su estatus y
tratarlos como a todos los demás refugiados, incluidos
los refugiados judíos.

Afirmar que las personas nacidas y que viven en
Palestina son refugiados de... Palestina.

El 20 por ciento restante de los descendientes no son
ciudadanos jordanos ni ciudadanos de Gaza y la
Autoridad Palestina en Cisjordania, sino residentes de
Siria y el Líbano a quienes se les niegan legalmente los
derechos de ciudadanía concedidos a todos los demás
sirios y libaneses.

El Dr. Inat Wilf confirmó: "Sin embargo, la UNRWA
no ha tomado ninguna medida para garantizar los
derechos de ciudadanía de estos árabes de origen
libanés y sirio, colaborando para discriminarlos y
mantener su estatus de refugiados".

El profesor Aviv Gul explica por qué esto es importante
para el mundo. Porque si millones de ciudadanos de
Jordania y de la Autoridad Palestina o residentes de
Siria y el Líbano afirman ser refugiados de lo que hoy es
Israel, incluso si nunca nacieron allí ni han vivido allí, y

lo piden, el resultado será que -por este estatus de refugiado, se les otorga el derecho de reasentarse en Israel ("el derecho de retorno"), y entonces toda la base de la paz entre dos pueblos y dos estados se derrumba. Wilf también explica correctamente el hecho de que si Israel, con sus 6 millones de judíos y más de 1,5 millones de árabes, absorbiera entre 5 y 8 millones de palestinos, los judíos volverían a quedar relegados a quienes no los consideran judíos como grupo minoritario. .

complicidad occidental

UN Watch es una organización verdaderamente importante y relevante. Su contribución a la lucha contra el antisemitismo es importante. Bien explicado en el informe. El presupuesto anual de la UNRWA supera los mil millones de dólares, de los cuales el 99% proviene de Estados Unidos, la Unión Europea, Canadá, Japón y Australia, mientras que los 56 países islámicos que supuestamente lloran a sus hermanos palestinos aportan sólo unos pocos millones de dólares.

UN Watch también utilizó cierta retórica: "Si la política occidental hacia los asentamientos judíos en Cisjordania se basara en la política de la UNRWA hacia los refugiados palestinos, sonaría más o menos así: "Israel avanza, construye tantos asentamientos como quieras y sigue ampliándolos". ". Reconoceremos los asentamientos como una expansión natural de Israel e incluso apoyaremos financieramente los esfuerzos de expansión, en lugar de decirles que nunca tendrán que abandonar sus hogares, lo que confiamos que sucederá algún día. Cuando se trata de conversaciones de paz con el mundo árabe, lo hará de buena fe y de una manera que garantice la soberanía de Gaza y Cisjordania, así como la existencia de los Estados árabes vecinos.

Dijeron: "La actual política occidental hacia la UNRWA es precisamente esto: esencialmente le está diciendo al mundo árabe: "Sigan adelante y aumenten constantemente el número de refugiados, registrándolos como descendientes de los refugiados y como refugiados a sí mismos. Incluso si no nacen." La Autoridad Palestina también los registra como refugiados palestinos.

"Que conserven su condición de refugiados y su ciudadanía de terceros países. Sigue diciéndoles que, aunque nacieron en Gaza y Ramallah, en realidad son de Ashdod y Ashkelon y muy bien pueden esperar vivir allí. Mantenerlos sujetos a discriminación en Siria y el Líbano, donde se les niegan derechos humanos básicos, simplemente para perpetuar el conflicto. Confiamos en que cuando llegue el día de negociar una solución final con Israel, usted será sincero y lo hará de manera que garantice la coherencia. y la existencia de un estado judío.

La Dra. Einat Wilf va más allá.

"Si la primera política es absurda para los gobiernos occidentales que apoyan la paz mediante una solución de dos Estados, entonces la segunda política debería ser la misma. Si los países occidentales realmente quieren eliminar los obstáculos a la paz, no pueden, por otra parte, condenar el crecimiento de los asentamientos. Tanto el crecimiento de los asentamientos como el aumento del número de refugiados deben considerarse obstáculos para la paz, o ninguno de los dos, aunque Israel ha demostrado repetidamente que es más probable que logre la paz con Egipto. que la paz en la Franja de Gaza y el norte de Cisjordania- destruirá de manera despiadada y efectiva los asentamientos, pero los palestinos todavía tienen que demostrar que están dispuestos a tomar las medidas en las que incluso la UNRWA se ha convertido para abordar este problema como un instrumento político. Estos fueron los mismos líderes de agencias que advirtieron repetidamente a lo largo de la década de 1950 que la UNRWA estaba en un callejón sin salida y que era necesario reevaluar su desempeño e incluso su existencia".

ella añadió

"En un informe de 1953, el jefe de la UNRWA recomendó restringir el trabajo de la agencia y transferir la responsabilidad de las operaciones de refugiados a los estados árabes.

Durante las décadas de 1940 y 1950, millones de refugiados en todo el mundo fueron rehabilitados en países que proporcionaban asilo en ese momento; 600 chinos buscaron asilo en el Hong Kong británico y casi un millón de refugiados norvietnamitas fueron rehabilitados en Vietnam del Sur y, en 1947, en la India. Tras la partición del continente, aproximadamente 14 millones de refugiados hindúes y musulmanes buscaron asilo en India y Pakistán, respectivamente. Tras el final de la Segunda Guerra Mundial, Alemania se rindió y se refugió en Alemania Occidental. El joven y pobre Estado de Israel absorbió a cientos de miles de judíos. refugiados (huérfanos) por elección propia, viudas y más de 10 millones de alemanes fueron brutalmente expulsados de Europa del Este. , así como judíos de países árabes que se vieron obligados a abandonar la Casa de Thor vestidos. "

El Dr. Wilf comentó: "Está claro que el nacimiento de la UNRWA condujo a la recuperación económica y

Por un lado, el reasentamiento de refugiados es la única forma real de resolver el problema; por otro, los árabes están intentando hacerlo;

Resuelva este problema apoyando la lista cada vez mayor de "refugiados" palestinos.

Y mantenga la esperanza de regresar sano y salvo.

El Dr. Wilf explicó: "El reconocimiento del conflicto en el Estado de Palestina y su apoyo a la Organización de las Naciones Unidas para los Refugiados genera decenas de millones de dólares al año".

El pecado original de introducir la idea del "derecho al retorno" palestino no lo cometieron los políticos árabes, sino el conde sueco Falk Bernadotte. Bernadotte, miembro de la familia real sueca, fue nombrado mediador de la ONU en el conflicto árabe-israelí poco después de la creación del Estado de Israel. Su misión es mediar entre ambos bandos y poner fin a la guerra que se desata en la región.

Antes de ser nombrado mediador de la ONU, Bernadotte tuvo una distinguida carrera como vicepresidente de la Cruz Roja Sueca durante la Segunda Guerra Mundial. Se convirtió en presidente de la organización en 1946 y desempeñó un papel clave en la negociación de la liberación de miles de prisioneros escandinavos, incluidos cientos de judíos, de la Alemania nazi. El acto de heroísmo inicialmente ayudó a aliviar las preocupaciones israelíes sobre el nombramiento de Bernadotte como mediador de la ONU.

Sin embargo, el principal obstáculo para la misión de Bernadotte es la posición del mundo árabe, que se opone categóricamente al reconocimiento del Estado de Israel dentro de cualquier frontera. Como señala Enate Viv, esta oposición planteó un serio desafío a los esfuerzos de Bernadotte por mediar en una resolución pacífica del conflicto.

Fue durante sus esfuerzos de mediación que Bernadotte propuso la idea de un "derecho al retorno" palestino. El concepto, que afirma el derecho de los refugiados palestinos a regresar a su tierra natal en Israel, ha sido un tema controvertido en el conflicto palestino-israelí desde entonces. La introducción del concepto de Bernadotte fue un punto de inflexión en el conflicto y tuvo un profundo impacto en el proceso de paz en la región.

En general, el pecado original de proponer el concepto palestino del "derecho al retorno" lo cometió el conde sueco Falk Bernadotte, mediador de la ONU en el conflicto árabe-israelí. A pesar de las nobles intenciones y acciones heroicas de Bernadotte durante la Segunda Guerra Mundial, su implementación de este concepto tuvo un impacto duradero en el proceso de paz en el Medio Oriente. Esto nos recuerda las complejidades y los desafíos inherentes a la resolución del conflicto palestino-israelí.

Dada la red de intereses y aspiraciones de las grandes potencias de la época, su intento de encontrar un compromiso fue principalmente una cuestión política. Europa y hacer preguntas a otros países.similar Muy importante. Por otro lado, la Unión Soviética intentó socavar el control occidental sobre la región derrocando las monarquías probritánicas. La mayor influencia de Bernadotte. Como representante de los países occidentales, Bernadotte aprobó el deseo árabe de destruir el Estado de Israel.

El enfoque de Bernadotte difería marcadamente del enfoque generalmente aceptado hacia los problemas de los refugiados en ese momento y sigue siendo uno de los mayores obstáculos para un acuerdo de paz.

Como muchos enviados extranjeros que siguieron a Bernadotte durante décadas, Bernadotte consideraba que la oposición árabe al sionismo era un hecho inmutable de la naturaleza y no buscaba desafiarla ni cambiarla. Tomar el camino aparentemente más fácil, intentar socavar la soberanía de Israel obligándolo a hacer nuevas concesiones.

Las negociaciones de Bernadotte con los líderes israelíes en Tel Aviv se desarrollaron con un espíritu completamente diferente. Mientras miles de judíos siguen en campos de desplazados en Europa y Chipre, tratando de recuperarse de los horrores del Holocausto, y mientras sus conciudadanos luchan por alcanzar la soberanía en una pequeña parte de Oriente Medio, Bernadotte cree que era correcto advertir Moisés. Cómo se ganó los corazones del mundo. En una reunión con ministros israelíes, el mediador sueco acusó a los israelíes de "arrogancia y hostilidad" y dijo que lo más importante para los judíos era aumentar su buena voluntad hacia el mundo entero y que los judíos "deben comenzar inmediatamente a resistir la agresión israelí". y el odio generalizado entre los judíos". Cree que si el gobierno israelí actuara de otra manera, "su prestigio en el mundo mejoraría enormemente".

Como muchos de los enviados extranjeros que siguieron a Bernadotte durante décadas, Bernadette consideraba que la oposición árabe al sionismo era un hecho inmutable de la naturaleza y no buscaba cambios ni desafíos. Insistió en la salida fácil y trató de obtener nuevas concesiones de Israel.

Bernadotte continuó trabajando duro para servir a los intereses de las grandes potencias, dándose cuenta de que la única manera de apaciguar a los árabes era ejercer tanta presión sobre Israel como fuera posible.

Sentó muchos precedentes para el problema de los refugiados árabes, que seguirá exacerbando el conflicto árabe-israelí. Fue el primero en decidir que la comunidad internacional debería hacerse responsable de los refugiados palestinos apátridas a través de las Naciones Unidas: Bernadotte creía que los árabes eran residentes de territorios confiados por la comunidad internacional bajo el mandato británico, por lo que podían contar con asistencia práctica.

Bernadotte también pidió el regreso de los refugiados árabes al territorio del Estado de Israel. La posición de Bernadotte fue única, principalmente porque insistió en el regreso de los refugiados contra la voluntad de un estado soberano e ignoró el peligro real de continuar la guerra (lo cual era contrario a su papel como pacificador o mediador).

UNRWA es una agencia de obras y socorro de las Naciones Unidas que brindó bienestar y servicios sociales a los refugiados palestinos durante la guerra árabe-judía de 1947-1949.

Durante la guerra en la Franja de Gaza este verano, la UNRWA estuvo bajo un severo escrutinio debido al descubrimiento de un túnel de Hamás debajo de una de sus instalaciones y la transferencia de cohetes encontrados en una de sus instalaciones para presionar a las "autoridades" de Hamás. Pero eso palidece en comparación con el desprecio que ha recibido por su política de reconocer a los descendientes de los refugiados originales, una política que ha hecho que el número de refugiados se haya disparado de 800.000 en 1949 a más de 5 millones en la actualidad.

De hecho, la UNRWA está perpetuando efectivamente el problema de los refugiados al hacer prácticamente imposible cualquier mejora o resolución de la situación que no implique una demanda de "regreso a Palestina".

La cuestión de Palestina y el reconocimiento de su condición de Estado ha sido un tema controvertido y complejo en la política internacional durante décadas. Como se menciona en el mensaje, los estándares del derecho internacional indican claramente que ya existe un Estado palestino, y ese es Jordania. Sin embargo, se puede considerar un estado diferente. Tiene un territorio, pueblo y gobierno definidos. Las áreas en cuestión podrían ser Cisjordania y la Franja de Gaza, según lo definido por las líneas de alto el fuego de 1967.

Sin embargo, la situación se complica si tenemos en cuenta la situación de los refugiados palestinos que viven en estos territorios. Suecia, por ejemplo, reconoce el Estado de Palestina, pero se estima que todavía viven 2 millones de refugiados palestinos en Cisjordania y el corredor de Gaza. Los refugiados están registrados como "refugiados palestinos", aunque técnicamente viven en el territorio del reconocido Estado de Palestina. Esto plantea la cuestión de cómo se sigue clasificando a estos refugiados como refugiados si el país al que pertenecen ya existe.

Este dilema pone de relieve contradicciones fundamentales en las políticas de los partidarios de organizaciones como la UNRWA que brindan ayuda a los refugiados palestinos. La UNRWA opera bajo la premisa de que Palestina tiene una identidad y un territorio distintos, pero reconoce la existencia de un Estado palestino, lo que complica esta narrativa. La idea de un Estado palestino ha sido durante mucho tiempo el principal objetivo del pueblo palestino, pero la realidad de su existencia pone en duda la continuidad del estatus de los refugiados palestinos.

La cuestión del Estado palestino se complica aún más por el contexto histórico y político de la región. El conflicto entre Israel y Palestina se ha prolongado durante décadas, y ambas partes reclaman el mismo territorio. Algunos países, como Suecia, reconocen a Palestina como Estado, lo que se considera un paso hacia la resolución del conflicto. Sin embargo, el estatus de los refugiados palestinos sigue siendo un obstáculo importante para lograr una paz duradera.

En resumen, Suecia y otros países reconocen a Palestina

como país, lo que es un paso positivo hacia la resolución del conflicto palestino-israelí. Sin embargo, la persistencia de la situación de los refugiados palestinos que viven en el reconocido Estado de Palestina plantea importantes interrogantes sobre el futuro del pueblo palestino. Está claro que se necesita una solución integral e inclusiva que satisfaga las necesidades y aspiraciones de todos los palestinos, tanto dentro como fuera del Estado reconocido de Palestina.

El primero está relacionado con el fin de la soberanía judía sobre esta tierra, y el segundo está relacionado con su futura renovación.

El emperador romano Adriano fue el primero en utilizar oficialmente el nombre "Palestina" o "Palestina" para referirse al territorio comprendido entre el río Jordán y el mar Mediterráneo. Para poner fin a la resistencia judía al Imperio Romano, no sólo reprimió su rebelión y los obligó a exiliarse, sino que también abolió la entonces provincia de Judea y la rebautizó como Palestina. El nombre está tomado de los escritos del historiador griego Heródoto y se refiere a las tierras bíblicas y egipcias "pleshitas" o "filisteas" en la costa sur (cerca de la actual Gaza). Durante los siglos siguientes, los árabes y otomanos llegaron a gobernar este territorio, que ya no se llamaba Palestina, sino la región sur de Al-Sham o Gran Siria (territorio ahora reclamado por el Estado Islámico).

La única entidad política en Medio Oriente que lleva el nombre de Palestina es el Mandato Británico, establecido en 1920 por la Liga de Naciones con el propósito expreso de "establecer un hogar nacional para el pueblo judío en Palestina". Dos años más tarde, con la formación de Transjordania (la actual Jordania), Gran Bretaña ejerció formalmente sus derechos sobre el Mandato. En realidad, esta medida enfatiza aún más la conexión del nombre Palestina con el proyecto de liberación nacional judía en la patria histórica del pueblo judío: la tierra ahora cerrada a los asentamientos judíos ya no se llama Palestina, sino la propia Palestina, desde 1922 hasta 1922. final del período del Mandato en 1948; las fronteras actuales incluyen Israel, Cisjordania y la Franja de Gaza. A estas fronteras se les suele denominar "Palestina histórica". patria nacional.

Durante el Mandato, tanto los judíos como los árabes en Palestina fueron llamados palestinos. Hay un diario árabe de amplia circulación, Falastin, y un diario judío popular, el Palestina Post. Varias organizaciones judías, como la Orquesta Filarmónica y la Liga de Fútbol Joven, también tienen la palabra "Palestina" en sus nombres.

Uno de los críticos más acérrimos de la UNRWA es el político israelí y ex miembro de la Knesset Einat Wilf. En una declaración publicada por las Naciones Unidas, Wilf dijo que la UNRWA había fracasado en su misión de brindar asistencia humanitaria a los refugiados palestinos y, en cambio, había perpetuado el conflicto en la región.

Wilf señaló que la UNRWA es la única agencia de la ONU dedicada a servir a este grupo particular de refugiados palestinos, mientras que todos los demás refugiados en todo el mundo son atendidos por la Oficina del Alto Comisionado de las Naciones Unidas para los Refugiados (ACNUR). Wilf dijo que este trato especial ha permitido a la UNRWA mantener el estatus de refugiados para los palestinos durante generaciones, creando un ciclo de dependencia y victimización que ha obstaculizado las perspectivas de paz en la región.

Wilf también criticó a la UNRWA por sus vínculos con Hamás, el grupo terrorista que domina la Franja de Gaza. Ella cree que Hamás está utilizando las escuelas e instalaciones de la UNRWA para almacenar armas y lanzar ataques contra Israel, poniendo en riesgo las vidas de los civiles palestinos. Al hacer la vista gorda ante estas actividades, la UNRWA se ha convertido efectivamente en cómplice del terrorismo y socava su credibilidad como organización humanitaria.

Wilf también destacó los problemas de gestión financiera y corrupción en la UNRWA, citando informes de nepotismo del personal y malversación de fondos. Ella cree que esta mala gestión está desviando recursos de los refugiados que los necesitan desesperadamente, exacerbando aún más su sufrimiento.

En conclusión, la declaración de Einat Wilf ante las Naciones Unidas arroja luz sobre el papel problemático que ha desempeñado la UNRWA en la crisis de los refugiados palestinos. Al mantener el estatus de refugiado palestino, mantener vínculos con grupos terroristas y administrar mal sus finanzas, la UNRWA no ha cumplido su mandato y, en cambio, ha contribuido a la perpetuación del conflicto en la región. Está claro que la reforma de la UNRWA es necesaria para satisfacer verdaderamente las necesidades de los refugiados palestinos y trabajar por una paz duradera en el Medio Oriente.

Sin embargo, los refugiados árabes que huyeron durante la Guerra de Independencia de 1948 rechazaron el reasentamiento porque creían que significaría el reconocimiento del Estado de Israel. Wilf explicó que a pesar del fracaso inicial, los estados árabes presionaron a Occidente para que no cerrara la UNRWA porque querían que se convirtiera en "un signo de interrogación permanente sobre la existencia del Estado judío". La UNRWA capacitó a generaciones de personas que sintieron la necesidad de "liberar Palestina" y recuperar el "paraíso perdido". Wilf dijo que esta educación a través del estatus de refugiado y los planes de estudios escolares "naturalmente dio lugar a organizaciones terroristas". "Hamás es un producto de la UNRWA de hoy, así como aquellos que mataron a atletas israelíes en Munich en 1972 eran niños de esos campos de refugiados, también son un producto de las escuelas de la UNRWA. "Tenemos más de 2 millones de personas aquí. Personas que creen que eran así." nacidos en Palestina pero todavía registrados como refugiados palestinos. Cualquier Palestina que sea liberada y reemplace al Estado judío, según Wilf, no calificaría como refugiado según ningún otro estándar internacional".

Alrededor de un millón de personas viven en el Líbano y Siria. Muchos de ellos abandonaron estos países en los últimos años y se mudaron a Europa, pero incluso si obtienen la ciudadanía en sus nuevos países, permanecerán en el registro de la UNRWA. Wilf explicó que dado que la UNRWA registra automáticamente a la próxima generación como refugiados, la tarjeta de la UNRWA se ha convertido esencialmente en un marcador de identidad palestina, brindando servicios que sirven para justificar la existencia continua de la UNRWA en primer lugar. Wilf dijo que la UNRWA tiene actualmente dos objetivos principales: "El primer objetivo es permitir que el Estado judío siga existiendo hasta el regreso. El fin de Israel es lo único que puede acabar con el estatus de refugiado. Por tanto, es una presencia constante". organización". Generación tras generación de conflictos hasta que los judíos ya no tuvieron Estado. La autora y ex miembro de la Knesset, Einat Wilf, sostiene que la UNRWA está difundiendo mentiras de que los palestinos siguen siendo refugiados de un conflicto que terminó hace 76 años para promover la idea de un derecho de retorno y tratar de socavar la eficacia del Estado judío. .

El profesor Gul sostiene que la UNRWA tiene muchos problemas, pero según Gul, la continuación de la crisis de refugiados palestinos es su contribución más compleja al conflicto.

La UNRWA se creó en 1949 para brindar asistencia a los refugiados palestinos desplazados durante el conflicto árabe-israelí. Sin embargo, a diferencia de otras agencias de refugiados, la UNRWA define a los refugiados no sólo como personas desplazadas, sino también como sus descendientes. Esta definición única contribuye a la persistencia de la crisis de refugiados, ya que el número de refugiados registrados ha crecido exponencialmente a lo largo de los años.

Gur cree que mantener la crisis de refugiados tiene un propósito político porque coloca la cuestión palestina en lo más alto de la agenda internacional. Al apoyar a un gran número de refugiados, la UNRWA garantiza que la causa palestina siga siendo relevante y se gane la simpatía y el apoyo de la comunidad internacional.

También insistió en que los palestinos eran capaces de mejorar su situación pero optaron por priorizar la destrucción del Estado judío.

La Dra. Einat Wilf explicó la naturaleza de la UNRWA durante una sesión informativa para las delegaciones de la ONU en la Sede de la ONU en Nueva York, presidida por el Embajador de Israel ante la ONU.

Este informe describe la historia de la UNRWA y cómo se convirtió en la base ideológica de la visión del 7 de octubre de un "regreso" a la violencia palestina, y cómo la UNRWA dio origen a todo, desde Septiembre Negro hasta todas las organizaciones terroristas de Hamás.

¿Cuáles son los argumentos a favor y en contra de seguir apoyando a la UNRWA?

Objeción: A diferencia de la misión de reasentamiento de refugiados del ACNUR. La misión de la UNRWA es evitar que los refugiados árabes que huyeron del país o fueron expulsados debido a los ataques a Israel se integren o quieran integrarse en otras sociedades, permitiendo así que ellos y sus descendientes se conviertan en refugiados.

Objetivo: Proporcionar a los refugiados comida, ropa y otras actividades. Esto es necesario si impide que las personas trabajen. Nadie quiere una crisis humanitaria.

En resumen, al igual que en la canción rusa sobre una

ambulancia que pisotea a los peatones, ella misma se ocupa de ellos. La UNRWA está abordando posibles problemas

¿Por qué la ONU tiene una organización separada para los refugiados palestinos (UNRWA)?

La UNRWA se creó el 8 de diciembre de 1949 para satisfacer las necesidades de los refugiados árabes durante la guerra árabe-israelí de 1948-49 y apoyarlos hasta que regresaran a sus antiguos hogares palestinos. Los estados árabes rechazaron UNGAR 194 porque "implicaba el reconocimiento de Israel" con la condición de que las negociaciones directas entre las partes determinaran las fronteras internacionales y los términos de una paz permanente que reemplazaría la Tregua de Rodas de 1949.

Al año siguiente (14 de diciembre de 1950), se crea la Oficina del Alto Comisionado de las Naciones Unidas para los Refugiados con las siguientes facultades:

Ex sargento del pelotón de reconocimiento blindado de la 188.ª División Blindada (retirado), Fuerzas de Defensa de Israel.

¿Cuáles son los argumentos a favor y en contra de seguir apoyando a la UNRWA?

La UNRWA fue una agencia "temporal" de la ONU creada para apoyar la salud, la educación y el bienestar de los refugiados árabes después de la Guerra de Independencia hasta que "pudieran regresar a sus hogares y vivir en paz con sus vecinos", como se afirma en la UNGAR. 194 El único problema real fue que los árabes UNGAR 194 fueron completamente rechazados.

A mediados de la década de 1950 debería haber quedado claro que esto no era trabajo de una agencia especial, especialmente después de la creación de la Agencia de la ONU para los Refugiados, que se ocupaba de los refugiados de otras partes del mundo. Liga Arabe

¿Qué es la OOPS?

Vamos a ver cómo funciona. En 1948, durante la Guerra de Palestina, emprendida por cinco países árabes para destruir a Israel, aproximadamente 700.000 árabes palestinos huyeron de sus hogares. En 1949, la UNRWA los identificó como refugiados palestinos y sus descendientes paternos. Por lo tanto, son los únicos refugiados en el mundo que han heredado su estatus. Ser un refugiado palestino se ha convertido en un asunto de familia. La UNRWA les paga honorarios de refugiados. Les proporciona alimento y refugio. En lugar de resolver el problema de los refugiados, esta estructura completamente corrupta e inútil aumentó varias veces el número de refugiados de 700.

¿Cuál es el significado de la declaración del Secretario General de la ONU, Antonio Guterres, sobre el futuro de la UNRWA y su impacto en los refugiados palestinos?

Si las Naciones Unidas quisieran resolver este problema, pedirían a Jordania que aceptara a los refugiados.

Jordania recibió alrededor del 75% de la Palestina británica e Israel.

¿Qué problemas o controversias enfrenta la UNRWA?

Israel dijo que seis empleados de la UNRWA eran parte de un grupo de terroristas que cruzaron la frontera entre Gaza e Israel y masacraron a civiles en la Franja de Gaza.

UNRWA es una agencia de las Naciones Unidas que brinda servicios sociales y humanitarios a los refugiados palestinos y sus descendientes de las guerras de 1948 y 1967. ¿Daños fatales como resultado de acciones?

Por supuesto, documentos de Hamás y otros islamistas radicales muestran que Hamás utilizó las mismas oficinas. (tiempos de israel[1], 11 de febrero de 2024; Representante de @IDFS[2], 10 de febrero de 2024). Hace diez días revista de wall street[3] "En 2014, parte del estacionamiento de la sede de la UNRWA en la Franja de Gaza comenzó a hundirse, posiblemente debido a los túneles excavados debajo por Hamás. Nadie dice qué causó el colapso", dice el informe, "pero todos lo sabían". dice el informe. Un ex empleado de la agencia."

Además, los cables descubiertos por las FDI

---

1. https://www.timesofisrael.com/directly-beneath-unrwas-gaza-headquarters-idf-uncovers-top-secret-hamas-data-center/

2. https://twitter.com/IDFSpokesperson/status/1756378313386254457

3. https://www.wsj.com/world/middle-east/hamas-israel-attack-united-nations-unrwa-0ec8d325

demuestran que la cooperación de la UNRWA con Hamas plantea serias preocupaciones sobre la neutralidad e imparcialidad de la organización. Hamás es una organización terrorista designada y se sabe que utiliza la ayuda humanitaria como cobertura para sus actividades terroristas. Al permitir que Hamas opere en su territorio, la UNRWA es cómplice de apoyar el terrorismo y socavar los esfuerzos de paz en la región.

Gul cree que la comunidad internacional debe abordar las causas profundas de la crisis de refugiados palestinos promoviendo una solución al conflicto palestino-israelí. Esto incluye encontrar soluciones justas y duraderas para los refugiados palestinos, en lugar de perpetuar su condición de refugiados perpetuos.

En resumen, el análisis de Haviv Rettig Gül del problema de la UNRWA revela la complejidad de la crisis de los refugiados palestinos. Si bien la presencia de terroristas dentro de la UNRWA es una preocupación seria, la actual crisis de refugiados de la organización y la colaboración con Hamas son aún más preocupantes.

"La comunidad internacional debe abordar estas cuestiones y trabajar para lograr una solución que proteja los derechos y la dignidad de todos los afectados por el conflicto", afirmó el profesor Gur.

Aviv Gul condenó inequívocamente el siniestro papel de la UNRWA y dijo que "incitar al odio y propagar el antisemitismo es una práctica peligrosa y destructiva con consecuencias de largo alcance".antisemitismo, u odio y discriminación contra los judíos, tiene una historia larga y preocupante y continúa manifestándose de diversas formas en la actualidad. La Agencia de Obras Públicas y Socorro de las Naciones Unidas para los Refugiados de Palestina en el Cercano Oriente (UNRWA) es uno de los actores clave que difunden este discurso de odio.

La UNRWA se creó en 1949 para brindar asistencia y apoyo a los refugiados palestinos en el Medio Oriente. A pesar de su noble e importante misión, ha habido numerosos informes y acusaciones de que la agencia promueve discursos de odio y antisemitismo. Esto es particularmente preocupante dado que la UNRWA recibe una financiación significativa de varios países y organizaciones, incluido Estados Unidos.

Una de las formas en que se ha acusado a la UNRWA de promover el discurso de odio es a través de sus materiales y cursos educativos. Los informes muestran que los libros de texto utilizados en las escuelas de la UNRWA contienen contenido antiisraelí y antisemita, incluida la glorificación de la violencia y el martirio. Este odioso adoctrinamiento a una edad temprana puede tener un impacto a largo plazo en las opiniones y creencias de los niños palestinos, perpetuando el ciclo de odio y conflicto.

Además, la UNRWA ha sido criticada por contratar personas con vínculos con grupos terroristas, alimentando aún más una cultura de odio y violencia. Al permitir que personas con opiniones extremistas trabajen dentro de la agencia, la UNRWA envía un mensaje peligroso de que la violencia y el odio son medios aceptables para lograr objetivos políticos.

Además del papel de la UNRWA en la promoción del discurso de odio, los líderes árabes de la región también han desempeñado un papel importante en la perpetuación del antisemitismo. Desde la retórica incendiaria hasta la negación del Holocausto, los líderes árabes han utilizado sus plataformas para difundir opiniones odiosas y discriminatorias contra los judíos. Esa retórica no hace más que exacerbar aún más las tensiones y perpetúa ciclos de violencia y odio.

Propaganda de odio y adoctrinamiento antisemita

La promoción del antisemitismo es una práctica peligrosa y destructiva que debe ser combatida y condenada. Como actor clave en la región, la UNRWA debe asumir la responsabilidad de su papel en la perpetuación del discurso de odio y trabajar para promover la paz y el entendimiento. Los líderes árabes también deben rendir cuentas por su retórica incendiaria y sus opiniones discriminatorias. Sólo a través de la educación, el diálogo y el respeto mutuo podemos esperar superar el círculo vicioso de odio y violencia que durante mucho tiempo ha asolado a la región.

1. Hamás utiliza la asistencia de la UNRWA. Se encontraron bolsas de UNRWA marcadas con concreto en un túnel que Hamas usaba para mantener rehenes (videoclips mostrados a las 4:50 y 7:10) (Tiempos económicos YouTube[4], 8 de febrero de 2024).

2. Al menos 12 miembros del personal de la UNRWA participaron en el ataque del 7 de octubre. , dos tenían rehenes y el resto entregaba municiones (revista de wall

---

4. https://www.youtube.com/watch?v=BfsvO88g_B0

street[5], **29 de enero de 2024; El periódico "New York Times**[6]**, 28 de enero de 2024). El 16 de febrero, el ministro de Defensa israelí, Yov Galant, anunció las identidades de los 12 empleados de la UNRWA, incluido el trabajador social de la UNRWA, Faisal Ali Mussalim Nami, que fue visto en imágenes de vigilancia del cuerpo de un israelí secuestrado el 7 de octubre.**tiempos de israel[7]**, 16 de febrero de 2024).**

3. Hamás dispara a soldados de las FDI en una escuela de la UNRWA. Un soldado herido de las FDI testificó que hombres armados de Hamás le dispararon desde una escuela de la UNRWA, matando a su comandante e hiriéndolo. Los militantes de Hamas están utilizando las escuelas como cobertura para atacar a las fuerzas israelíes y almacenar armas, según soldados heridos. (@ChayaRaichik1[8]**, 30 de enero de 2024).**

4. La UNRWA emplea a 1.200 miembros del personal que son combatientes de Hamas y PIJ. Las agencias de inteligencia israelíes estiman que el 10% de los empleados de la UNRWA en la Franja de Gaza, o 1.200 empleados de la UNRWA, son miembros de Hamas y la Jihad Islámica Palestina, y el 50% de los empleados de la UNRWA o 6.000 familiares directos de los empleados de la UNRWA en el Medio Oriente están afiliados a estas organizaciones terroristas. (revista de wall street[9]**, 29 de enero de 2024).**

---

5. https://www.wsj.com/world/middle-east/at-least-12-u-n-agency-employees-involved-in-oct-7-attacks-intelligence-reports-say-a7de8f36

6. https://www.nytimes.com/2024/01/28/world/middleeast/gaza-unrwa-hamas-israel.html

7. https://www.timesofisrael.com/video-shows-unrwa-social-worker-abducting-body-of-israeli-on-oct-7/

8. https://twitter.com/ChayaRaichik10/status/1752114182391058811

9. https://www.wsj.com/world/middle-east/at-least-12-u-n-agency-employees-involved-in-

5. Una instalación de la UNRWA utilizada para almacenar armas de Hamás. El coronel 646 dijo: "Encontramos armas en cada sitio de construcción, escuela, mezquita y jardín de infantes de la UNRWA. Nadie. Cien por ciento. (tiempos de israel[10], 18 de enero de 2024).

6. Ayuda de la UNRWA robada por Hamás. En una conversación grabada con Israel, un residente de la Franja de Gaza que trabajaba para una organización de ayuda estadounidense confirmó que Hamás robó sistemáticamente equipos y alimentos, incluso de los almacenes de la UNRWA. (@cogatonline[11], 8 de enero de 2024).

7. Hamás utiliza los paquetes de ayuda humanitaria de la UNRWA para almacenar equipos. La foto muestra el chaleco militar de Nukhba encontrado en una bolsa en la clínica médica de la UNRWA. (@cogatonline[12], 6 de enero de 2024).

8. Hamás controla la UNRWA. Los palestinos en la Franja de Gaza dijeron a las FDI en conversaciones grabadas que Hamas controlaba la UNRWA y estaba acaparando todos los suministros. "Hamás controla el personal administrativo de la UNRWA, controla la UNRWA, y desde el día en que ellos (Hamás) llegaron al poder, controlaron todo".Correo de Nueva York[13], 25 de

oct-7-attacks-intelligence-reports-say-a7de8f36

10. https://www.timesofisrael.com/in-central-gaza-where-gunmen-lurk-underground-a-commander-sees-a-long-slog-ahead/

11. https://twitter.com/cogatonline/status/1744366954167533829

12. https://twitter.com/cogatonline/status/1743570061363642836

13. https://nypost.com/2023/12/25/news/hamas-in-control-of-unrwa-aid-group-in-gaza-palestinian-man/

diciembre de 2023).

9. Equipo de la ONU utilizado por Hamás. Los chalecos de la ONU fueron encontrados junto con municiones y explosivos, algunos de los cuales estaban en bolsas de ayuda de la UNRWA. (@FDI[14], 25 de diciembre de 2023).

10. Se robaron vehículos y equipos de las instalaciones del OOPS. Según un usuario de las redes sociales en la Franja de Gaza, vehículos y equipo pesado fueron robados de los sitios de la UNRWA (@joetruzman[15], 25 de diciembre de 2023).

11. Bolsas de ayuda humanitaria de la UNRWA utilizadas para almacenar armas. Imágenes de las FDI muestran explosivos, un Kalashnikov y un cohete encontrados en bolsas de ayuda de la UNRWA. (Sitio web de las Fuerzas de Defensa de Israel[16], 11 de diciembre de 2023).

12. Bolsas de ayuda humanitaria de la UNRWA utilizadas para almacenar armas. Fotos y vídeos muestran armas de Hamás encontrando bolsas de

---

14. https://twitter.com/IDF/status/1739307482608984088

15. https://twitter.com/JoeTruzman/status/1739077698650333223

16. https://www.idf.il/en/mini-sites/hamas-israel-war-24/war-on-hamas-2023-resources/ammunition-found-inside-unrwa-bags/#_853ae90f0351324bd73ea615e6487517__4c761f170e016836ff84498202b99827__853ae90f0351324bd73ea615e6487517_text_43ec3e5dee6e706af7766fffea512721_During_0bcef9c45bd8a48eda1b26eb0c61c869_20an_0bcef9c45bd8a48eda1b26eb0c61c869_20operation_0bcef9c45bd8a48eda1b26eb0c61c869_20In_0bcef9c45bd8a48eda1b26eb0c61c869_20the_c0cb5f0fcf239ab3d9c1fcd31fff1efc_of_0bcef9c45bd8a48eda1b26eb0c61c869_20civilians_0bcef9c45bd8a48eda1b26eb0c61c869_20for_0bcef9c45bd8a48eda1b26eb0c61c869_20terror_0bcef9c45bd8a48eda1b26eb0c61c869_20purposes

ayuda de la UNRWA en una mezquita en Shujaiya. (@cogatonline[17], 11 de diciembre de 2023; @joetruzman[18], 11 de diciembre de 2024).

13. Las escuelas de la UNRWA fueron utilizadas como bases de lanzamiento de armas. Un vídeo de las FDI muestra a terroristas de Hamás disparando armas desde la escuela de la UNRWA en Beit Hanoun. (@FDI[19], 9 de diciembre de 2023).

14. Bolsas de ayuda humanitaria de la UNRWA utilizadas para almacenar armas. Las imágenes muestran armas encontradas en la escuela almacenadas en bolsas que contienen ayuda humanitaria de la UNRWA. (Representante de @IDFS[20], 9 de diciembre de 2023).

15. Hamás dispara cohetes cerca de un sitio de la ONU. Fotos de satélite mostraron a Hamás disparando 12 cohetes contra civiles israelíes. Ubicación cerca de los sitios de las Naciones Unidas. (@cogatonline[21], 7 de diciembre de 2023).

16. Armas escondidas bajo el equipo de la UNRWA. Las Fuerzas de Defensa de Israel descubrieron decenas de cohetes y misiles Gullah escondidos bajo el equipo de la UNRWA. (puesto de jerusalén[22] , 2 de diciembre de 2023;@joetruzman[23] , 2 de diciembre de

17. https://twitter.com/cogatonline/status/1734272381466652853

18. https://twitter.com/JoeTruzman/status/1734256276459397410

19. https://twitter.com/IDF/status/1733419795821871319

20. https://twitter.com/IDFSpokesperson/status/1733450024703475802

21. https://twitter.com/cogatonline/status/1732691140493615547

22. https://www.jpost.com/arab-israeli-conflict/gaza-news/article-776170

23. https://twitter.com/JoeTruzman/status/1731004268482863383

2023;Representante de @IDFS[24] , 2 de diciembre de 2023).

17. Hamás roba ayuda de la UNRWA. El vídeo muestra bolsas de ayuda humanitaria de la UNRWA en un túnel habitado por terroristas de Hamás. (@cogatonline[25] , 30 de noviembre de 2023).

18. Un profesor de la UNRWA tiene como rehén a un israelí. Un repatriado israelí testificó que un profesor de la UNRWA lo encarceló en un ático durante 50 días. (@bokeralmog[26] , 29 de noviembre de 2023).

19. El túnel terrorista de Hamás está situado cerca de una escuela de la UNRWA. El 8 de noviembre de 2023, las FDI destruyeron un túnel terrorista de Hamás cerca de una escuela de la UNRWA. (dúplex por división de frecuencia[27] , 10 de noviembre de 2023;@joetruzman[28] , 8 de noviembre de 2023;@FDI[29] , 3 de diciembre de 2023).

20. Hamás dispara cohetes cerca de un sitio de la ONU. Una imagen de satélite muestra un lugar de lanzamiento de cohetes de Hamás junto al edificio de la ONU. (@FDI[30] , 22 de octubre de 2023).

21. Hamás dispara cohetes cerca de un sitio de la ONU. Una imagen de satélite muestra un sitio de lanzamiento

24. https://twitter.com/IDFSpokesperson/status/1730927776159449142

25. https://twitter.com/cogatonline/status/1730250928861721029

26. https://twitter.com/bokeralmog/status/1729934849161494658

27. https://www.fdd.org/analysis/2023/11/10/hamas-terror-tunnel-next-to-unrwa-school-in-gaza-destroyed/

28. https://twitter.com/JoeTruzman/status/1722302546222674067

29. https://twitter.com/IDF/status/1731071286753771620

30. https://twitter.com/IDF/status/1716156227585974585

de cohetes de Hamás cerca de una escuela de la UNRWA. (@cogatonline[31] , 19 de octubre de 2023).

22. Hamás roba combustible de la UNRWA. El Ministerio de Salud de Hamás robó 24.000 litros de combustible de las instalaciones de la UNRWA

El papel insidioso y aterrador de la UNRWA

Así lo afirmó el Secretario General de la ONU, Sr. Guterres.

Los ataques de Hamás no ocurren en el vacío: tiene razón, pero exactamente lo contrario

profesor de la OOPS

Escuchamos lo siguiente alto y claro: el 24 de octubre, el Secretario General de la ONU, Antonio Guterres, dijo que la masacre de Hamás del 7 de octubre "no ocurrió en el vacío". El esta en lo correcto. Estos ataques los llevan a cabo palestinos que han sido adoctrinados en el odio durante generaciones.

Como hemos demostrado en numerosos informes de la última década, los profesores y las escuelas de la Agencia de Obras Públicas y Socorro de las Naciones Unidas, que proporciona educación y servicios sociales a los palestinos, piden periódicamente la matanza de judíos y producen materiales educativos que glorifican el terrorismo y alientan el martirio. y demonizar, deificar a los israelíes e incitar al antisemitismo.

Por ejemplo, UN Watch informó que el profesor de la

---

31. https://twitter.com/cogatonline/status/1714940859030933813

UNRWA, Elham Mansour, publicó en Facebook en mayo de 2022: "Juro por Alá, cualquiera que pueda matar y matar a sionistas. Cualquiera que no les haga esto a los criminales israelíes no merece matarlos y perseguirlos. los hay por todas partes. Son los mayores enemigos de los israelíes y merecen morir.

Así es como se educa a los palestinos en la Franja de Gaza y en otros lugares en las escuelas de la UNRWA, y esto es lo que hicieron los asesinos y violadores de Hamas el 7 de octubre.

Solo en 2022, la UNRWA recibió 344 millones de dólares en financiación estadounidense. Sin embargo, un informe de UN Watch e Impact-SE de marzo de 2023 encontró que 133 docentes y personal de la UNRWA fueron sorprendidos promoviendo el odio y la violencia en las redes sociales, y otros 82 docentes asociados y otro personal de 30 escuelas de la UNRWA participaron en la recopilación y difusión de material de odio. . contenidos contra los estudiantes. El odio de la UNRWA es sistémico y su mecanismo interno de autocontrol no es adecuado para su propósito. 3

La UNRWA se niega a actuar y se involucra en una campaña de difamación. UN Watch ha pedido repetidamente a la UNRWA que tome medidas, pero ha sido rechazada. La Dra. Wilf afirma que escribió al Comisionado General de la UNRWA, Philippe Lazzarini, y a su predecesor, Pierre Kraenbühl, y les pidió una reunión para compartir información sobre los profesores y otro personal de la UNRWA que apoyan el terrorismo, pero se negaron a reunirse. Para empeorar las cosas, la UNRWA ha iniciado una estrategia para desacreditar a nuestra organización por atreverse a exigirle responsabilidades, confirma UN Watch.

UN Watch proporciona otro ejemplo: "En junio de 2022, pocos días después de que la UNRWA anunciara que seis de sus 10 empleados de la UNRWA habían promovido la violencia y el odio, la UNRWA fue destituida de su cargo, pero la comisionada adjunta Leni Stenseth, exdiplomática y donante noruega, dijo que la ONU La "verdadera intención" de Watch es "destruir en lugar de construir" e "incitar al conflicto cuando no se trata de construir una paz duradera". También nos acusó falsamente de "coordinar el discurso" con "organizaciones satélite". "

Este informe no lo coordinamos con nadie y no teníamos acompañante. Desafortunadamente, Estados Unidos y otros países donantes occidentales, como partes interesadas de la UNRWA, aparentemente no han mostrado ninguna objeción a los repetidos ataques de la UNRWA contra nuestra organización.

En otro de varios ejemplos:

Nuevo informe de UN Watch: Grupo de 3.000 docentes de la UNRWA celebran en Telegram la masacre de Hamás el 7 de octubre

El viernes, Estados Unidos anunció que suspendería la financiación a la UNRWA en medio de noticias de que al menos una docena de empleados de la UNRWA estuvieron involucrados en la masacre del 7 de octubre.

El profesor Gur explicó que UN Watch había informado que justo el día anterior el Departamento de

Estado había intensificado su apoyo a la UNRWA, que desempeñaría un papel "central" en la Gaza de la posguerra;

explicar

UN Watch confirma que esto es correcto: "Seamos claros: esto fue un error. Hacemos un llamado al presidente Biden para que reconozca la verdad sobre la UNRWA: no sirve ni al bienestar de los palestinos ni a la existencia del Estado de Israel".

El Dr. Wilf nos da una idea de la naturaleza de esta organización, que emplea a 13.000 palestinos sólo en la Franja de Gaza: "El 10 de enero, un grupo de chat de Telegram de 3.000 profesores de la UNRWA quedó expuesto y tuvo un día lleno de noticias, fotografías y vídeos dedicados a la conmemoración de la masacre de Hamás en octubre, los profesores discutieron el momento previsto para el próximo salario de la UNRWA.

Hilo en X

Desde entonces, UN Watch ha estado trabajando diligentemente con traductores profesionales de árabe para revisar más de 249.000 mensajes de usuarios en el grupo de chat.

UN Watch publicó sus conclusiones, que se incluyen en un nuevo informe. Documenta cómo los profesores de la UNRWA celebraron la masacre del 7 de octubre y cómo alentaron y propagaron el terrorismo de Hamás.

Un panorama horroroso de la UNRWA

Aunque la posición del portavoz de la UNRWA, Adnan Abu Hasna, fue que "no sabemos quién está en este grupo de Telegram" o "si estas personas trabajan para la UNRWA", un rápido repaso a este grupo, los usuarios

1 https://unwatch.org/wp-content/uploads/2023/03/2023-Report-UNRWA.pdf

2 Véase UN Watch, Maestros del odio de la UNRWA, junio de 2022, pág. 17. https://unwatch.org/wp-content/uploads/2022/06/2022-Report-UNRWA-Teachers-of-Hate.pdf 3https://unwatch.org/un-teacher

11

La UNRWA debe poner fin a los abusos y la incitación contra los palestinos

racismo

El Dr. Wilf afirmó que "ha llegado el momento de reformar la Agencia de Obras Públicas y Socorro de las Naciones Unidas para los Refugiados de Palestina en el Cercano Oriente (UNRWA), cuyos valores son radicalmente diferentes a los descritos por UN Watch". "De conformidad con los artículos 1 y 2 de la Carta de las Naciones Unidas, se estipula que las Naciones Unidas se fundaron sobre el principio de mantener la paz y la seguridad internacionales y promover relaciones amistosas entre los pueblos. Sin embargo, la UNRWA está haciendo lo contrario: difundir el odio y exacerbar los conflictos".

1. La UNRWA perpetúa la narrativa palestina del "derecho al retorno" con el objetivo de destruir a Israel.

Los funcionarios de la UNRWA han abogado públicamente por el "derecho al retorno", como se refleja en declaraciones recientes, incluidas las de la UNRWA.

El profesor Aviv Gur explica: "Portavoz Chris Gunness1 y director de la oficina de Líbano de UNRWA, Claudio Cordone2, la crisis de refugiados continuará,

Aún no existe una "solución". La "solución" no es el reasentamiento, como ocurre con otros refugiados en todo el mundo.

Responsable de la Oficina del Alto Comisionado de las Naciones Unidas para los Refugiados (ACNUR). A diferencia del ACNUR, la UNRWA no tiene la tarea de encontrar soluciones a largo plazo para los palestinos.

Como explica la experta de la UNRWA, Einat Wilf, la UNRWA de hecho está dando a estos palestinos falsas esperanzas de que algún día podrán regresar a los hogares de las familias israelíes que fueron abandonadas durante la guerra, cuando la mayoría de ellos nacieron hace muchos años.

Esto se evidencia en declaraciones recientes de palestinos registrados en la UNRWA nacidos después de 1948 que nunca han vivido en la Palestina del Mandato Británico o en Israel:

Mohammad Afifi, 58 años, dueño de una tienda, nacido y criado en el Líbano: "Apoyo a la UNRWA porque apoyo

Tengo derecho a regresar a Palestina.

Rami Mansour, 34 años, nacido y criado en Siria: "Tomen todo y volvamos a nuestros hogares. No necesitamos ninguna ayuda ni nada, simplemente volvamos a nuestro país".

2. El número de refugiados de la UNRWA está muy inflado.

La UNRWA dice que presta servicios a cinco millones de refugiados palestinos. De hecho, sólo quedan unos 20.000 de los refugiados originales. Debido a las diferencias en la definición única de refugiados de la UNRWA, se incluyen todos los demás llamados refugiados.

La situación es marcadamente diferente de la del ACNUR. La determinación del estatus de refugiado por parte del ACNUR bajo la Convención sobre Refugiados se basa en el temor a la persecución, 7 mientras que la definición de refugiado de la UNRWA se refiere únicamente al lugar de residencia durante los dos años anteriores al conflicto de 1948 y también se extiende explícitamente a las generaciones futuras.

1 Maayan Lubell y Nidal al-Mughrabi: "Los recortes estadounidenses en la financiación para los refugiados palestinos podrían afectar las escuelas y la atención sanitaria:

Director de UNRWA", Reuters, 17 de enero de 2018.

2 David Enders: "Mientras Estados Unidos amenaza con recortar la financiación, el jefe de ayuda palestina al

Líbano defiende el empleo"

A nivel nacional, 11 de enero de 2018

3 Lance Bartholomeusz, "Misiones del OOPS en sesenta años", Encuesta trimestral sobre refugiados, vol. 28, núms. 2 y 3, 2010,

pag. 471.

4 Haviv Rettig Gur, "Take Refugees Off the Table", Times of Israel, 13 de marzo de 2013.

5 Alexandra Zavis, Noga Tranpolski y Rushdie Abu Aluf, "En los territorios palestinos e Israel

Trump amenaza con recortar la ayuda a los palestinos", Los Angeles Times, 7 de enero de 2018.

6 Fares Akram, "Across the Middle East, Palestinas Prepare for Trump Aid Cuts", Times of Israel, 16 de enero de 2018.

7 Convención sobre los Refugiados de 1951, artículo 1.

8 https://www.unrwa.org/palestine-refugees◇

Además, la UNRWA se ha negado rotundamente a encontrar una solución permanente al problema de los refugiados, afirmando que no entra dentro de su mandato.

Autorización. Por lo tanto, ACNUR ha creído durante mucho tiempo que dos millones de "refugiados" palestinos con ciudadanía jordana son una anomalía.

Serán eliminados de la lista y seguirán siendo considerados refugiados de la UNRWA. Asimismo, los más de 2,1 millones de los llamados refugiados en Cisjordania y el Corredor de Gaza disfrutan exactamente de los mismos derechos y privilegios que los palestinos no refugiados.

Además, como han señalado ex funcionarios de la UNRWA, existen serios problemas con la exactitud de las cifras de refugiados de la UNRWA.

El asesor general James Lindsay et al. La propia auditoría de las Naciones Unidas criticó a la UNRWA por su mala supervisión.

3. Los planes de estudio y los docentes de la UNRWA promueven el conflicto y el antisemitismo.

La educación representa más de la mitad (54%) del presupuesto de la UNRWA.

Los libros de texto de la UNRWA promueven el conflicto, no la paz. También promovieron la lucha brutal como camino hacia la liberación. A menos que el cambio venga desde afuera, el plan de estudios no cambiará en el corto plazo. En abril de 2017, en medio de una disputa entre la UNRWA y la Autoridad Palestina (AP) sobre la propuesta de reforma curricular, el Comisionado General de la UNRWA, Pierre Kraenbühl, destacó que "la UNRWA está plenamente comprometida a garantizar que no se realicen cambios en el plan de estudios palestino... » 16 En noviembre de 2017, el Ministerio de Educación de la Autoridad Palestina reiteró su oposición a que la UNRWA cambiara el plan de estudios de una manera contraria a la filosofía de la Autoridad Palestina.

La Autoridad Palestina, que cree en la identidad y el patrimonio nacional palestino, cree que los judíos no tienen derechos en los Territorios Palestinos Ocupados y que los palestinos algún día regresarán.

Los libros de texto incendiarios no son el único problema de la educación de la UNRWA. UN Watch publicó un informe detallado

En febrero y abril de 2017, 18 personas descubrieron 60 nuevos ejemplos de personal educativo de la UNRWA que promovía el antisemitismo y el terrorismo yihadista entre estudiantes impresionables.

A pesar de esto, es difícil de creer, especialmente porque la UNRWA es considerada una organización internacional seria y confiable, pero el hecho es que la UNRWA es de hecho una agencia que promueve el terrorismo. Como de costumbre, la UNRWA no abordó directamente el problema despidiendo a profesores por apoyar el antisemitismo y el terrorismo, sino que los capacitó sobre lo que no debían publicar en las redes sociales y cómo mantener sus perfiles en las redes sociales.

19 En particular, la UNRWA nunca ha expresado preocupación por el problema subyacente del terrorismo antisemita y yihadista contra los estudiantes.

Además de violar los principios más básicos de la Carta de las Naciones Unidas mencionados anteriormente, este tipo de partidismo también es contrario a los objetivos de la UNRWA.

La neutralidad de las agencias humanitarias de la ONU viola el artículo 29 de la Convención sobre los Derechos del Niño.

9 James G. Lindsay, "Reforming UNRWA", Middle East Quarterly, págs. 85–91, otoño de 2012, págs. 11. 89.

10 Ibíd., págs. 87-88, "UNRWA: La agencia de las Naciones Unidas que creó a los refugiados palestinos", Instituto Gatestone,

29 de enero de 2018

11 "El censo encuentra 174.422 refugiados palestinos en el Líbano", Lebanese Daily Star, 21 de diciembre de 2017.

12 https://www.unrwa.org/where-we-work/lebanon◈

13 E/AC.51/2017/3, Auditoría de la OSSI de la UNRWA 2016-2017, ¶¶ 53, 57, Auditoría de la OSSI de la UNRWA 2010, ¶¶ 37-38;

14 https://www.unrwa.org/how-you-can-help/how-we-spend-funds◈

15 Dr. Arnon Groys y Dr. Ronnie Shaked, Libros de texto sobre la Autoridad Palestina (AP): Relación con la AP.

Judíos, Israel y el mundo", Centro Simon Wiesenthal y Foro de Oriente Medio, septiembre de 2017.

16 "El Comisionado General de la UNRWA enfatizó que la UNRWA está plenamente comprometida con el pueblo palestino.

cursos, y no se realizarán cambios en estos cursos", Palestina Media Watch, 17 de abril,

2017.

17 "El Ministerio de Educación de la Autoridad Palestina se opone firmemente a los cambios de la UNRWA en el plan de estudios de la Autoridad Palestina y

Libros de texto", Palestina Media Watch, 8 de noviembre de 2017.

18 "Poisoning of Palestina Children", UN Watch, 2 de febrero de 2017, "Canada and UNRWA: Strengthening Due Diligence?", Naciones Unidas;

Visto el 10 de abril de 2017

19 "Capacitación en redes sociales y neutralidad para directivos y ejecutivos".

4. La UNRWA es una organización guerrillera con estrechos vínculos con Hamás.

Una auditoría reciente de la ONU encontró que la UNRWA era particularmente vulnerable a la "apropiación indebida, el despilfarro y la corrupción" en "adquisiciones, selección de socios, distribución de alimentos y efectivo, contratación y promoción, y otras áreas".

Se criticó abiertamente la falta de "inspecciones directas periódicas y sin previo aviso de los refugios e instalaciones de la UNRWA, centros de distribución de alimentos, escuelas y clínicas". Lamentablemente, dado que el OOPS y

Hamás en la Franja de Gaza.

En junio y octubre de 2017, se descubrieron túneles terroristas de Hamás bajo las escuelas de la UNRWA en la Franja de Gaza.21

En abril de 2017, Suhail al-Hindi, docente de la UNRWA y líder del sindicato de personal de la UNRWA en la Franja de Gaza, renunció en medio de acusaciones de haber sido elegido para el liderazgo de Hamás. Otros empleados de la UNRWA también tienen vínculos con Hamás.

Según un informe de la ONU, durante la guerra de Gaza en el verano de 2014 se almacenaron misiles terroristas en escuelas de la UNRWA y podrían haber sido disparados desde allí.

Cada escuela de la UNRWA tiene un representante designado por Hamás que es responsable de reclutar estudiantes para el grupo islamista, afiliado a Hamás.

número de estudiantes, según el informe de 2015.

El documental de 2013 "Jihad Camp" reveló cómo los niños palestinos fueron adoctrinados en el odio hacia los judíos e Israel y alentados a cometer martirio en los campamentos de verano de la UNRWA.

Durante años, el personal de la UNRWA ha utilizado sus privilegios para ayudar a grupos terroristas como Hamás, incluido el uso de vehículos de la UNRWA para transportar armas y terroristas para atacar a Israel.

Si el Consejo de Derechos Humanos está interesado en promover la paz entre israelíes y palestinos, debe unirse al llamado a la reforma.

BAPOR.

20 Auditoría de UNRWA, OSSI, 2010, ¶¶ 37–38.

21 "El enviado israelí de la ONU critica el túnel de Gaza encontrado debajo de la escuela de la UNRWA", The Times of Israel, 29 de octubre de 2017.

22 "Líder de la Unión de Gaza de UNRWA acusado de que Hamas ya no tiene vínculos con la agencia", Times of Israel, 23 de abril,

2017.

23 "La ONU reconoce el ataque con cohetes palestinos contra una escuela de la UNRWA", UN Watch, 7 de abril de 2015.

24 Paul Alster, "En el 65.º aniversario, una mirada a UNRWA y su relación con Hamas", The Algemeiner, 12 de junio de 2015.

25 Paul Ulster, "Los dólares de los impuestos estadounidenses ayudan a financiar los 'campamentos de odio' de la ONU en Gaza: documental", Fox News, 24 de agosto de 2013.

26 Asaf Romirovsky, "Cómo apoya la UNRWA

Alianza Islámica de Izquierda: Una amenaza para los judíos y Estados Unidos

Adam Milstein[32] Escribió sobre la peligrosa alianza entre fascistas de izquierda y extremistas islámicos.

Milstein plantea esta cuestión y deja claro que en el panorama geopolítico rápidamente cambiante del siglo XXI ha surgido una alianza preocupante que plantea una profunda amenaza no sólo para los judíos, sino también para los estadounidenses y la civilización occidental en su conjunto. Describió la coalición, a menudo llamada "Alianza de la Izquierda Islámica", como una fusión de ideología islámica radical y ortodoxia de extrema izquierda, unidas por una "hostilidad compartida hacia Israel, el pueblo judío y los valores que subyacen a la democracia occidental". ". ." Juntos.

Si bien hay muchos líderes diferentes en esta coalición, "uno de los actores clave en esta coalición es el ala palestina de la Hermandad Musulmana global, que es responsable de muchos actos de violencia y terrorismo cometidos por los israelíes", confirmó Milstein.

El 7 de octubre, el grupo mató a 1.300 israelíes en un ataque brutal y sin sentido. Desde entonces, dijo Milstein, "los izquierdistas estadounidenses han expresado su apoyo a esta organización extremista usando hijabs, instalando campamentos en universidades estadounidenses y apoyando abiertamente el asesinato de judíos".

---

32. https://www.jewishpolicycenter.org/authors/adam-milstein/

La alianza entre islamistas radicales y la extrema izquierda es una alianza ambivalente pero poderosa que está ganando fuerza e influencia en el panorama político global. La alianza utilizó plataformas como el púlpito de Teherán para denunciar al "régimen sionista" y utilizó altavoces para gritar "policía de mierda" en ciudades de todo Estados Unidos. Al unir fuerzas, estos dos grupos pueden amplificar sus mensajes de odio e intolerancia, difundiendo su ideología tóxica a un público más amplio.

Comprender la amenaza que plantea la alianza islamista-izquierdista es fundamental para todos los que valoran la libertad, la democracia y los derechos humanos. La Alianza busca socavar los valores y principios que sustentan la civilización occidental, incluidos la tolerancia, el pluralismo y el respeto de los derechos humanos. Trabajando juntos, los islamistas radicales y la extrema izquierda pueden hacer avanzar su agenda de odio y violencia, planteando una grave amenaza para los judíos, los estadounidenses y todos los que aprecian los ideales de democracia y libertad.

Para combatir esta peligrosa alianza, los individuos y los gobiernos deben enfrentar todas las formas de extremismo e intolerancia. Holstein abogó por el diálogo, la comprensión y la cooperación entre su electorado: "Solo podemos trabajar juntos para contrarrestar la ideología tóxica de la Alianza de la Izquierda Islámica y defender los valores que son fundamentales para una sociedad libre y democrática uniéndonos contra ella. " Odio e intolerancia. Podemos garantizar que todas las personas, independientemente de su religión, raza u opinión política, puedan vivir en paz y seguridad.

Orígenes de la alianza

Los orígenes de la Alianza de Izquierda Islámica se remontan a una convergencia de intereses comunes y puntos ciegos ideológicos. Por un lado, los grupos islámicos radicales promueven una visión fundamentalista del mundo, buscan imponer su interpretación de la Sharia a Occidente y se oponen a la influencia occidental en el mundo musulmán. La extrema izquierda, por otro lado, promueve una revolución social y política radical, y a menudo considera al capitalismo occidental como la principal fuente de injusticia global.

A pesar de ideologías aparentemente diferentes, los dos grupos encontraron puntos en común en su oposición a la hegemonía occidental y a sus percepciones de injusticia. Los grupos islamistas radicales como ISIS y Al Qaeda ven la intervención occidental en el mundo musulmán como una forma de imperialismo y buscan oponerse a él y derrocarlo. Ven a Occidente como una fuerza corruptora que amenaza sus valores y forma de vida tradicionales. Asimismo, la extrema izquierda cree que el capitalismo occidental es explotador y represivo, lo que conduce a desigualdad económica e injusticia social a escala global. Creían que para lograr la igualdad social y económica era necesario destruir el sistema capitalista.

La Alianza de Izquierda Islámica también está impulsada por un sentido de sacrificio y un deseo de empoderamiento. Ambos grupos se ven a sí mismos marginados y oprimidos por las potencias occidentales y buscan desafiar y destruir el status quo. Creen que uniendo fuerzas pueden fortalecer sus voces y aumentar su influencia en la lucha contra la injusticia.

Sin embargo, la alianza entre grupos islamistas radicales y la extrema izquierda no está exenta de controversias y tensiones. Si bien pueden tener enemigos comunes como el imperialismo y el capitalismo occidentales, también tienen objetivos y valores diferentes. Los grupos islámicos radicales a menudo abrazan creencias conservadoras y tradicionalistas, incluida la estricta adhesión a la ley Sharia y la esclavización de las mujeres. La extrema izquierda, por otro lado, defiende valores progresistas y liberales como la igualdad de género y los derechos LGBTQ. Estas diferencias ideológicas pueden crear fricciones dentro de la alianza y conducir a conflictos sobre prioridades y estrategias.

La alianza islamista de izquierda también tiene sus críticos, quienes dicen que se basa en una asociación equivocada y peligrosa. Algunos temen que la alianza pueda legitimar y fortalecer inadvertidamente ideologías extremistas, lo que conduciría a una mayor radicalización y violencia. Otros temen que pueda socavar los principios del secularismo y la democracia que son vitales para una sociedad libre y abierta.

En general, los orígenes de la Alianza de Izquierda Islámica se remontan a la intersección de intereses comunes y puntos ciegos ideológicos. Si bien ambos grupos se oponen a la hegemonía y la injusticia occidentales, también tienen objetivos y valores diferentes, lo que podría crear tensiones dentro de la alianza. Es importante analizar críticamente el impacto de esta alianza y considerar los riesgos y consecuencias potenciales de alinearse con grupos que pueden no compartir los mismos principios y valores.

Los une una hostilidad común hacia Occidente y sus aliados. La Alianza de Izquierda Islámica siente un particular desprecio por Israel, los judíos y sus valores occidentales en Medio Oriente. En Estados Unidos, actores importantes como Occupy, Black Lives Matter, Antifa y el movimiento BDS se han asociado con activistas de izquierda e islamistas radicales en Irán y Medio Oriente para promover su agenda antioccidental.

Esta alianza se caracteriza por un lenguaje, tácticas y retórica comunes destinados a deslegitimar, demonizar y denigrar a Israel y Estados Unidos. El movimiento se involucra constantemente en un antisemitismo flagrante, atacando a judíos en todo el mundo y creando un clima de odio e intolerancia antiestadounidenses. La coalición islamista de izquierda, unida por el odio a un enemigo común, plantea una grave amenaza a la paz y la estabilidad en Medio Oriente y más allá.

Milstein dijo que la Alianza de Fuerzas Islámicas de Izquierda es una alianza peligrosa basada en el odio mutuo hacia Occidente y sus aliados. Al unir fuerzas, los grupos islamistas radicales y la extrema izquierda podrán intensificar su retórica antioccidental y promover una agenda común para socavar los valores y las instituciones occidentales. Debemos reconocer y abordar los peligros que plantea esta alianza para mantener la paz y la seguridad en el Medio Oriente y en todo el mundo.

Amenazas a la comunidad judía

Milstein señaló que para las comunidades judías de todo el mundo, las consecuencias de la alianza entre islamistas e izquierdistas son graves y preocupantes. El antisemitismo tiene una historia larga y oscura que se ha intensificado en los últimos años. La retórica y las acciones de la Alianza de Izquierda Islámica buscan normalizar la retórica antisemita disfrazándola de crítica política bajo la etiqueta de "antisionismo". Esta reinvención del antisemitismo se ha convertido en una táctica común en la que la gente pregunta: "¿Eres sionista?". como prueba de fuego para entrar en círculos de izquierda. El objetivo final de esta estrategia es excluir a los judíos de los espacios, organizaciones e instituciones públicas, marginándolos efectivamente de la sociedad.

Adam Milstein advierte acertadamente que las consecuencias de esta ola moderna de antisemitismo van más allá de la seguridad física, ya que también busca socavar la identidad histórica y cultural judía. Deslegitimar a Israel es una táctica central de la agenda de la izquierda islámica para cortar los lazos entre los judíos y su patria ancestral. Si bien el mundo musulmán ha buscado durante mucho tiempo deslegitimar a Israel, los líderes de izquierda en países como Sudáfrica, Irlanda, España y Noruega ahora han tomado medidas. Esta despenalización no sólo afecta a los judíos en Israel, sino que también genera miedo e incertidumbre en las comunidades judías de todo el mundo.

La negativa irresponsable y completamente perversa de los líderes de izquierda a cooperar y legitimar al Estado judío no sólo tiene motivaciones políticas, sino que también pone en riesgo a la comunidad judía. En peligro. "

De hecho, el creciente número de crímenes de odio contra estudiantes judíos en los campus universitarios, así como contra sinagogas e instituciones judías, es un resultado directo de la alianza entre islamistas e izquierdistas.

Esta alianza impía tiene consecuencias complejas y peligrosas. Como explica Milstein: "El impacto de la alianza islamista-izquierdista en las comunidades judías de todo el mundo es grave y de gran alcance. Normalizar la retórica antisemita bajo el disfraz de "antisionismo" amenaza algo más que la seguridad física. Judíos, así como aquellos que buscan socavar su identidad histórica y cultural.

Ante esta difícil realidad, "debemos reconocer y condenar esta ola moderna de antisemitismo y trabajar para crear una sociedad en la que todas las personas, independientemente de su origen religioso o cultural, puedan sentirse seguras".

Amenazas más amplias para Estados Unidos

Es peligroso y completamente irresponsable tratar de ignorar la realidad, y el hecho es que la amenaza que plantea la Alianza de Izquierda Islámica es importante para Estados Unidos y sus valores fundamentales, no sólo para los judíos.

De hecho, esta alianza busca destruir los principios de democracia, libertad, libertad individual y pluralismo que definen la civilización occidental y, en particular, a Estados Unidos.

Excelente odio por Israel y el pueblo judío están unidos por su rechazo al excepcionalismo estadounidense y al poder internacional estadounidense.

No es coincidencia que cada marcha y manifestación "pro-Hamas", a menudo disfrazada de "pro-palestina", esté llena de imágenes y retórica antisemitas, así como de sentimiento antiestadounidense. La bandera estadounidense fue quemada junto con la bandera israelí y se gritaron consignas antiestadounidenses después de los llamados a la destrucción de Israel. Esta alianza no sólo apunta a Israel y a la comunidad judía, sino que también amenaza las libertades, los valores y las libertades civiles estadounidenses.

Una de las principales formas en que esta alianza representa una amenaza para Estados Unidos es a través de un ataque frontal a la democracia y la libertad.

La democracia es un principio fundamental de la civilización occidental, que permite la transferencia pacífica del poder y la protección de los derechos individuales. La Alianza de Izquierda Islámica busca socavar la democracia mediante la promoción de regímenes autoritarios e ideologías que reprimen la disidencia y limitan la libertad de expresión.

Además, la alianza plantea una amenaza a la libertad individual. Los principios de las libertades individuales, como la libertad de expresión, religión y reunión, son fundamentales para el estilo de vida estadounidense. La Alianza de Izquierda Islámica busca restringir estas libertades imponiendo censura y reprimiendo la disidencia. Esto no sólo amenaza los derechos individuales, sino que también socava el proceso democrático.

El pluralismo, otro valor fundamental de la civilización occidental, también está siendo atacado por la Alianza de Izquierda Islámica. El pluralismo promueve el pluralismo y la tolerancia y permite que diferentes creencias y puntos de vista coexistan pacíficamente. La Alianza intenta imponer una ideología única y reprimir la disidencia, lo que da como resultado una sociedad homogénea que sofoca la creatividad y la innovación.

La alianza de la izquierda islámica plantea una amenaza más amplia para Estados Unidos y sus valores fundamentales que solo los judíos. Al buscar abolir la democracia, la libertad individual y el pluralismo, esta alianza socava los principios que definen la civilización occidental. Los estadounidenses deben reconocer y enfrentar esta amenaza para proteger nuestras libertades y valores.

1. Socavar el sistema: los izquierdistas intolerantes ultrafascistas y los islamistas radicales desprecian los valores fundamentales que subyacen a la civilización occidental. Juntos promueven una visión narrativa de la historia que evita el análisis objetivo basado en hechos. Esto es más evidente en el mundo académico estadounidense, donde las opiniones ideológicas tienen prioridad sobre la integridad académica y la búsqueda de la verdad. La misma visión del mundo izquierdista y la misma adhesión a la estricta ortodoxia política marxista también dominan a las empresas estadounidenses y a gran parte de los medios de comunicación. La reciente obsesión de la izquierda por demonizar a la policía es un ejemplo perfecto de la superposición entre la izquierda islamofascista. El

movimiento Black Lives Matter y las protestas relacionadas adoptan una postura contra la policía y contra Israel. Para reforzar esta conexión, tanto los islamistas radicales como los izquierdistas difunden propaganda que vincula a Israel con las prácticas y el entrenamiento policial de Estados Unidos.

Milstein describe acertadamente cómo "la extrema izquierda y los islamistas radicales comparten el desprecio por los valores fundamentales que subyacen a la civilización occidental. Ambos grupos promueven una visión narrativa de la historia que evita el análisis objetivo basado en hechos en favor de promover su propia conciencia. Esto es más evidente en el mundo académico estadounidense, donde las opiniones ideológicas a menudo prevalecen sobre la integridad académica y la búsqueda de la verdad.

La visión del mundo cada vez más perdida de la izquierda fascista, así como del centro izquierda progresista, ha sido secuestrada por líderes antisemitas que se adhieren a una estricta ortodoxia política marxista. Esta ideología se ha filtrado en las empresas estadounidenses y en gran parte de los medios de comunicación, lo que ha resultado en una situación en la que se valora la pureza ideológica por encima de los informes y análisis objetivos. Aunque las declaraciones de personas como el Sr. Milstein puedan parecer políticamente incorrectas, es importante reconocer la verdad de sus palabras.

El fracaso de todos los experimentos marxistas en la historia nos recuerda la naturaleza destructiva del Partido Comunista. Estos partidos a menudo traen frustración, sufrimiento, controversia e inestabilidad a los países que gobiernan. La reciente obsesión de la izquierda por demonizar a la policía es un excelente ejemplo de esta tendencia. El movimiento Black Lives Matter y las protestas relacionadas han adoptado una postura antipolicial, vinculando a menudo la aplicación de la ley con el racismo sistémico.

Es fundamental reconocer el peligro de que la pureza ideológica eclipse el pensamiento crítico y el discurso racional. Cuando los individuos y las organizaciones priorizan la conformidad con una ortodoxia política particular sobre el análisis objetivo, el resultado suele ser una visión distorsionada de la realidad. Esto puede conducir a la difusión de información errónea, la supresión de voces disidentes y la erosión de los principios democráticos.

Para combatir esta tendencia, las personas deben entablar conversaciones abiertas y honestas, desafiar las opiniones predominantes y buscar puntos de vista alternativos. Al cultivar una cultura de curiosidad intelectual y pensamiento crítico, podemos trabajar para crear una sociedad más informada e inclusiva. Sólo a través de un compromiso con la verdad y la razón podemos esperar superar las fuerzas divisivas que amenazan con dividirnos.

Las prácticas policiales estadounidenses y el trato que el gobierno israelí da a los palestinos.

La convergencia entre los islamistas radicales y la extrema izquierda es una tendencia preocupante que se ha vuelto cada vez más evidente en los últimos años. Una de las formas clave en que los dos grupos combinan esfuerzos es a través de la promoción conjunta. Ambos grupos difunden desinformación que vincula a Israel con las prácticas y el entrenamiento policial de Estados Unidos, fomentando su retórica antiisraelí y antipolicial. Esta propaganda busca demonizar a Israel y a las fuerzas del orden, retratándolos como fuerzas opresivas a las que hay que resistir.

Los esfuerzos de propaganda de los islamistas radicales y de la extrema izquierda a menudo se centran en comparar las acciones israelíes con las de la policía estadounidense. Al combinar estas dos organizaciones, ambos grupos podrán promover sus narrativas antiisraelíes y antipoliciales. Esta propaganda a menudo adopta la forma de desinformación y exageración diseñadas para incitar la ira y el resentimiento contra Israel y las fuerzas del orden.

En los círculos académicos, este enfoque narrativo de la historia y los acontecimientos actuales conduce a la distorsión de los hechos. A los estudiantes a menudo se les enseña una versión distorsionada de la historia que se adapta a las opiniones ideológicas de los profesores, en lugar de proporcionarles un análisis equilibrado y basado en hechos. Esto tiene serias implicaciones para el futuro de la educación y el discurso intelectual, ya que los estudiantes carecen de las habilidades de pensamiento crítico necesarias para resolver problemas complejos.

La superposición de esfuerzos propagandísticos entre los islamistas radicales y la extrema izquierda es una tendencia peligrosa que debe combatirse. Al difundir desinformación que vincula a Israel con las prácticas y el entrenamiento policial de Estados Unidos, ambos grupos pueden promover sus narrativas antiisraelíes y antipoliciales. Esta propaganda busca demonizar a Israel y a las fuerzas del orden, retratándolos como fuerzas opresivas a las que hay que resistir.

La convergencia de los esfuerzos propagandísticos entre los islamistas radicales y la extrema izquierda es una tendencia preocupante con graves implicaciones para la educación y el discurso intelectual. Al difundir desinformación que vincula a Israel con las prácticas y el entrenamiento policial de Estados Unidos, ambos grupos pueden promover sus narrativas antiisraelíes y antipoliciales. Es importante que las personas evalúen críticamente los mensajes que reciben y busquen un análisis equilibrado y basado en hechos para combatir esta peligrosa tendencia.

Resolver cuestiones complejas de forma detallada y consciente.

En resumen, la extrema izquierda y los islamistas radicales comparten el desprecio por los valores fundamentales de la civilización occidental. Promueven una visión narrativa de la historia que prioriza la ideología sobre el análisis objetivo, lo que ha tenido un efecto perjudicial en la academia, las empresas y los medios estadounidenses. Debemos resistir esta tendencia y promover los principios de integridad académica y la búsqueda de la verdad en todos los ámbitos de la sociedad.

2. Destrucción de la libertad de palabra y expresión. Un componente clave de la estrategia de la izquierda islamista es reprimir la disidencia mediante presión social y política. La izquierda radical suele utilizar la

"cultura de la cancelación" para silenciar las voces que desafían su ortodoxia, mientras que los islamistas utilizan acusaciones de islamofobia para silenciar las críticas a las ideologías extremistas. La izquierda también busca cada vez más coaccionar la expresión, obligando al uso de terminología para restringir la libertad de expresión. El reconocimiento de tierras, los pronombres obligatorios y las renuncias de responsabilidad son flechas en el carcaj de la izquierda. Cualquiera que se niegue a cumplir las normas de expresión se enfrenta a la discriminación y el ostracismo. Este ataque a la libertad de expresión amenaza la expresión pública esencial para una democracia que funcione.

3. Adopción estricta de políticas identitarias. Ambos grupos utilizan la política de identidad para dividir la sociedad según líneas raciales, religiosas e ideológicas estrictamente definidas. Al enfatizar la identidad del grupo por encima de las fortalezas individuales, crean un ambiente propenso al conflicto y al desacuerdo. Las corporaciones estadounidenses y los sistemas de escuelas públicas se complacen en las políticas de DEI, la teoría crítica de la raza (CRT) y la interseccionalidad. Estos movimientos ideológicos amenazan la prosperidad y la unidad de Estados Unidos. Además, la meritocracia, como componente fundamental del sistema capitalista estadounidense, está prohibida en los círculos de izquierda. La meritocracia tiene un historial exitoso de superación de la identidad y, a menudo, es la herramienta más útil para el progreso económico. A pesar de su valor, la izquierda ve la meritocracia como un concepto fundamentalmente racista y busca apasionadamente su destrucción. Esto plantea una seria amenaza al futuro económico,

educativo y político de Estados Unidos.

4. Apoyo a grupos extremistas. El modelo operativo de la Alianza de Izquierda Islámica se basa en la reciprocidad internacional. Los grupos izquierdistas nacionales y los grupos islamistas internacionales se brindan mutuamente cobertura política tácita y apoyo financiero abierto. Los grupos de izquierda abrazan la teoría crítica y simplifican cada interacción en términos de dinámicas de poder en las que hay "opresores" y "oprimidos". Por eso simpatizan con grupos terroristas como Hamás y Hezbolá ("los oprimidos"). Sus continuas actividades antiisraelíes en Occidente confirman el terrorismo en Medio Oriente. Mientras tanto, grupos antiisraelíes como Estudiantes por la Justicia en Palestina, Voz Judía por la Paz y Codepink reciben financiación directa de organizaciones antiamericanas globales, incluidas Qatar, China, Rusia e Irán. Los enemigos de Estados Unidos han utilizado efectivamente a estos grupos como armas como una campaña de influencia para sembrar división en Estados Unidos desde adentro. La alianza global de islamistas de izquierda no sólo amenaza vidas, sino que también desestabiliza una región crítica para la seguridad global.

impacto global

El principio de la libertad de expresión es la piedra angular de la democracia estadounidense y permite el intercambio abierto de ideas y un debate vigoroso, esenciales para una sociedad sana. La adhesión a este principio es fundamental para garantizar que se escuchen todas las voces, incluso aquellas que puedan ser impopulares o controvertidas. Sin protecciones de la libertad de expresión, se suprimirá la disidencia y se suprimirá el mercado de ideas.

En los últimos años, ha habido una tendencia cada vez más clara a reprimir las voces disidentes y restringir la libertad de expresión. Esta tendencia es peligrosa porque socava los cimientos de la democracia y amenaza los derechos y libertades de todos los ciudadanos. El discurso bajo coerción, cuando se obliga a una persona a expresar ciertos puntos de vista u opiniones en contra de su voluntad, es particularmente preocupante porque viola el derecho fundamental a la libertad de expresión.

Uno de los argumentos clave a favor de la libertad de expresión es que permite que florezca el mercado de ideas. Cuando las personas son libres de expresar sus opiniones, se pueden escuchar diferentes puntos de vista, sin importar cuán controvertidos o impopulares puedan ser. Esta diversidad es vital para una democracia saludable porque garantiza que todos los puntos de vista sean considerados y discutidos. Al silenciar voces diversas, corremos el riesgo de crear una cámara de resonancia que sólo permita expresar ciertas ideas, lo que resultará en un estrechamiento del discurso público.

Además, la libertad de expresión es fundamental para responsabilizar a quienes están en el poder. Sin la capacidad de criticar y desafiar a la autoridad, existe el riesgo de que el gobierno abuse y abuse de poder. La capacidad de denunciar la injusticia y la corrupción es un derecho fundamental que debe protegerse para mantener el buen funcionamiento de la democracia.

Sin embargo, otros creen que ciertas formas de expresión, como el discurso de odio o la incitación a la violencia, deberían limitarse en nombre de proteger a los grupos marginados. Si bien es importante condenar y combatir el discurso de odio, también es importante reconocer que la censura no es la respuesta. En cambio, debemos confiar en la contranarrativa y la educación para combatir las ideas dañinas manteniendo al mismo tiempo los principios de la libertad de expresión.

En resumen, el principio de libertad de expresión es vital para una democracia saludable. Esto garantiza el intercambio abierto de ideas, el debate sólido necesario para el progreso y la oportunidad de exigir responsabilidades a quienes están en el poder. Si bien algunos pueden pedir restricciones a ciertas formas de expresión, es importante recordar que proteger la libertad de expresión es vital para garantizar que todas las voces sean escuchadas y la democracia prospere. Incluso frente a los desafíos, debemos seguir adhiriéndose a este principio para proteger nuestros derechos y libertades como ciudadanos.

Para combatir esta tendencia, es fundamental reafirmar nuestro compromiso con la libertad de expresión y resistir los esfuerzos por censurar o silenciar diversos puntos de vista. Esto requiere un fuerte compromiso para proteger el derecho a criticar y discutir ideas sin temor a represalias. También significa oponerse a la presión para hablar y garantizar que las personas sean libres de expresar sus creencias sin coacción.

Además de respetar el principio de libertad de expresión, también es importante construir y mantener alianzas sólidas con otras democracias y países moderados de mayoría musulmana. Estas alianzas son fundamentales para frenar la propagación de ideologías radicales y promover la paz, la seguridad y las oportunidades económicas. Iniciativas como los Acuerdos de Abraham demuestran el poder de la cooperación para promover objetivos y valores compartidos.

El apoyo a Israel también es fundamental para combatir el Islam radical y defender los valores democráticos. Israel es un país a la vanguardia de la lucha contra el extremismo y un aliado importante en la promoción de la paz y la cooperación en Medio Oriente. Debemos oponernos a acciones que socavan la legitimidad de Israel y lo demonizan, como el movimiento BDS, y apoyar medidas que promuevan la paz y la estabilidad en la región.

Defender el liberalismo y oponerse a las ideologías de izquierda radical también es importante para preservar los valores que han hecho de Estados Unidos un faro de libertad y prosperidad. Los líderes deben defender de manera convincente los beneficios de los valores liberales estadounidenses, incluidos los derechos de la Primera Enmienda, el multiculturalismo y el capitalismo. Promoviendo estos valores con confianza y convicción, podemos contrarrestar los esfuerzos de la izquierda islamista por socavar la cultura y la unidad occidentales.

En resumen, la Alianza de Izquierda Islámica plantea una amenaza significativa a los valores y principios que definen la civilización occidental. Al reafirmar nuestro compromiso con la libertad de expresión, fortalecer las alianzas, apoyar a Israel, defender el liberalismo y contrarrestar el extremismo, podemos contrarrestar esta amenaza y proteger el futuro de Occidente. Debemos unirnos para defender la libertad, la justicia y la democracia para todos.

Portavoz de la Autoridad Palestina: Los palestinos aceptan pagar a los terroristas más de lo que los funcionarios gubernamentales apoyan y alientan el terrorismo.

Los profesores Itamar Marcus y Ephraim D. Tepler han estado a la vanguardia de la exposición del verdadero rostro de la opinión pública palestina y los verdaderos sentimientos de la Autoridad Palestina. A través de sus investigaciones y publicaciones, revelan la inquietante realidad del apoyo de los líderes palestinos al terrorismo y la violencia.

El profesor Itamar Marcus es el fundador y director de Palestina Media Watch, una organización dedicada a monitorear y analizar los medios y el sistema educativo palestino. El profesor Marcus ha desempeñado un papel decisivo a la hora de exponer la glorificación del terrorismo y la incitación a la violencia en la sociedad palestina. Su investigación muestra cómo la Autoridad Palestina regularmente honra y recompensa a los terroristas, retratándolos como héroes y mártires.

El profesor Ephraim D. Tepler es un renombrado experto en política de Oriente Medio que ha realizado una extensa investigación sobre las políticas y acciones de la Autoridad Palestina. Destacó el doble rasero de los dirigentes palestinos al condenar el terrorismo. Si bien condena públicamente el terrorismo ante la comunidad internacional, la Autoridad Palestina continúa brindando apoyo financiero e incentivos a los terroristas y sus familias.

Juntos, los profesores Marcus y Templer exponen la hipocresía y el engaño de los líderes palestinos. Su trabajo desafía los supuestos predominantes. Más bien, revelan la verdadera naturaleza del apoyo de los dirigentes palestinos al terrorismo y la violencia.

La reciente decisión de la Autoridad Palestina de pagar los salarios de los terroristas y sus familias es un crudo recordatorio de la peligrosa ideología que impregna la sociedad palestina. Esta es una señal clara de que los líderes palestinos están dando prioridad a la violencia y el terrorismo sobre la paz y la coexistencia. La investigación de los profesores Markus y Teppler proporciona información valiosa sobre el pensamiento de los líderes palestinos y los desafíos que enfrentan para lograr una paz duradera en la región.

En resumen, los profesores Itamar Marcus y Ephraim D. Teppler desempeñaron un papel importante al revelar el verdadero rostro de la opinión pública palestina y los verdaderos sentimientos de la Autoridad Palestina. Sus investigaciones y publicaciones brindan información valiosa sobre las peligrosas ideologías que impulsan al liderazgo palestino y los obstáculos a la paz en la región. Su trabajo debe seguir siendo apoyado y ampliado para desafiar las percepciones populares y trabajar por un futuro más pacífico y justo para todos.

. Es obvio que Occidente, los funcionarios estadounidenses y el campo progresista y, por supuesto, la izquierda radical comprenderán esta mala decisión.

Además, la izquierda israelí y las organizaciones socialistas internacionales e incluso el Partido Socialdemócrata argumentarán que se trata de acciones desesperadas causadas por la "ocupación" y que la elección de Occidente no será escuchar las declaraciones de los dirigentes palestinos, sino "explicar "la versión moderada y amigable.

Lo mismo ocurre con el lema global "de los ríos a los mares". Es cierto que la mayoría de ellos no sabía qué río ni qué mar, pero los que sí lo sabían expresaron el deseo de enviar a los judíos al mar y destruir a los judíos y al Estado judío.

La Autoridad Palestina (AP) está atravesando una grave crisis financiera y no puede pagar completamente a sus empleados.

Sin embargo, según funcionarios de la Autoridad Palestina, los funcionarios palestinos están satisfechos de que la Autoridad Palestina dé prioridad a pagar a los terroristas en prisión el 100% de sus salarios por terrorismo, mientras que los propios funcionarios públicos reciben sólo el 50% de sus salarios mensuales (aunque hoy afirman que los salarios son lo mismo).

Mohammad Hamida, director del Ministerio de Economía de Belén: "Aunque nosotros, los empleados [civiles] recibimos el 50% de nuestro salario, antes de la guerra [de Gaza], los prisioneros y las familias de los mártires [es decir, los terroristas] recibían salarios completos. El líder palestino permanece." asumió esto reteniendo los salarios de los miembros del personal y pagando salarios completos a los prisioneros y familias de los mártires.

Hoy todos son iguales. Los salarios que reciben las familias de los mártires y prisioneros también son recaudados por los empleados. Estamos orgullosos de los prisioneros y sus familias, así como de los mártires y sus familias. ... Este es un tema nacional, un tema muy importante y prioritario. Nadie en Palestina se queja de por qué los prisioneros y las familias de los mártires reciben el salario completo, mientras que nosotros recibimos la mitad. [enfatizar]

[PA Official TV, 16 de julio de 2024]

El profesor Aviv explicó que esto demuestra que la Autoridad Palestina ha logrado lavarle el cerebro a su pueblo haciéndoles creer que los terroristas merecen más dinero que los empleados del gobierno palestino, a pesar de que no trabajan ni soportan ningún gasto.

Decenas de veces la televisión de la Autoridad Palestina transmitió la famosa declaración del Presidente de la Autoridad Palestina, Mahmoud Abbas, de que "incluso si la Autoridad Palestinaqueda un centavo[33], seguirá teniendo prioridad sobre los pagos a prisioneros y mártires.

Otro funcionario de la Autoridad Palestina confirmó recientemente que a los terroristas se les debe pagar antes que a todos los demás palestinos:

"Cuando el presidente [de la Autoridad Palestina], Mahmoud Abbas, y los dirigentes palestinos fueron sometidos a una intensa presión para que dejaran de rendir homenaje a los mártires y prisioneros [es decir, a los terroristas]", dijo Hussein Hamayel, gobernador de

---

33. https://palwatch.org/page/35238

la región del Valle del Jordán. Pagar salarios o crear instrumentos de pago La posición del presidente era clara y representó a todos los palestinos cuando dijo: "Si nos queda un centavo en el bolsillo, se lo pagaremos a los prisioneros y mártires.

Añadió: "Esto es estratégicamente importante para nosotros y no habrá problemas asociados con presiones, extorsiones, bloqueos o amenazas de todos lados. Esta es una posición clara para nosotros y continuaremos".

[Comité de Información y Cultura de Fatah, página de Facebook, 17 de abril, 2024]

medios palestinos[34] Este trabajo altamente especializado ha demostrado a lo largo de los años que los dirigentes de la Autoridad Palestina tratan a sus mártires y prisioneros como las personas más importantes y respetadas de la sociedad, que merecen mayores recompensas financieras que quienes trabajan para ellos.

Esto puede parecer una locura e incluso increíble, pero es así.

El problema es que los occidentales generalmente no quieren oír a los palestinos decirlo. Hay muchas áreas donde ocurre lo contrario: la organización terrorista es admirada por la gran mayoría de los palestinos, la mayoría de los cuales están orgullosos de la masacre de judíos de octubre de 2023.

Entonces esto es bastante lógico y esperado.

---

34. http://palwatch.org/

Los representantes de la Autoridad Palestina enfatizaron que todo el pueblo palestino apoya la glorificación y recompensa de los terroristas.

El Dr. Wilf señaló que las acciones legales contra la complicidad de la UNRWA en el terrorismo han cobrado impulso en todo el mundo en los últimos años, y las víctimas exigen justicia y rendición de cuentas por los vínculos de la agencia con grupos terroristas. Desde demandas en Canadá hasta quejas en Francia, personas y organizaciones están tomando medidas para responsabilizar a la UNRWA por su presunto apoyo al terrorismo.

Inat Wilf explicó que en Canadá se ha presentado una demanda contra el gobierno canadiense por la renovación de la financiación de la UNRWA, a pesar de los vínculos documentados entre la UNRWA y Hamás. La demanda afirma que la decisión viola la ley canadiense y busca una revisión judicial de las acciones del gobierno. Además, en Estados Unidos, las víctimas de las masacres de Hamás han presentado demandas civiles por daños y perjuicios contra la UNRWA y sus altos funcionarios. Las demandas alegan que la UNRWA proporcionó deliberadamente fondos a Hamás, lo que dio lugar a nuevas actividades terroristas.

Además, se presentó una demanda en Estados Unidos pidiendo al gobierno que deje de financiar a la UNRWA hasta que la agencia demuestre que sus fondos no se están utilizando para actividades terroristas. La demanda, presentada por más de 8.000 ciudadanos israelíes y estadounidenses, busca responsabilizar al gobierno estadounidense por su apoyo a la UNRWA. En Francia, funcionarios del gobierno se quejaron de la financiación de la UNRWA, diciendo que la agencia era cómplice del terrorismo y violaba las leyes francesas.

Estas demandas son importantes y resaltan las crecientes preocupaciones sobre los supuestos vínculos de la UNRWA con grupos terroristas, así como la necesidad de rendición de cuentas y transparencia dentro de la agencia.

Este podría ser el primer paso para restaurar algo de lógica y justicia en el largo y sangriento conflicto de Oriente Medio.

Al presentar demandas contra la UNRWA, las víctimas y los activistas de derechos humanos buscan garantizar que la agencia rinda cuentas por cualquier apoyo que pueda brindar a los grupos terroristas. A medida que estos casos avancen, será importante monitorear sus resultados y su impacto en las operaciones y la financiación de la UNRWA.